東日本大震災レポート「風化する光と影 II」

震災以降

終わらない3.11——3年目の報告

渋井哲也・村上和巳・渡部真・太田伸幸❖編著

EL.P　三一書房

東日本大震災レポート「風化する光と影 II」

震災以降

終わらない3.11——3年目の報告

巻頭言

震災からちょうど1年になる2012年3月、太田伸幸氏、渋井哲也氏、村上和巳氏、そして私の4人が中心となり、それまで1年間取材した成果を報告をすべく『風化する光と影』(マイウェイ出版)を上梓した。本書は、その続編である。

2011年3月11日14時46分頃、東北・三陸沖を震源とするマグニチュード9・0の巨大地震が発生した。宮城県栗原市では震度7を記録し、東北・関東などで軒並み震度6以上を観測。強震度の余震は数か月も続いた。太平洋沿岸部は地震の影響で、波高十数m、最大遡上高40・1mという大津波が発生。北は北海道から南は千葉県まで沿岸にあった集落を呑み込み、とくに岩手、宮城、福島の3県は甚大な被害となった。翌12日には、すでに津波で浸水し全電源を喪失していた東京電力・福島第一原子力発電所で、1号機の水素爆発が発生。14日までに4つの原子炉が同時に危機的な状況になり、続々とメルトダウンを起こすという世界的にも類を見ない原子力災害を引き起こした。2014年現在、死者1万5884人、行方不明者2633人、震災関連死2916人、建物被害は全・半壊家屋40万375軒(焼失含む)。最大40万人と言われる避難者だったが、今なお全国で26万7419人が避難生活を送っている。

これが東日本大震災の概要だ。

本書が伝えるのは、この大災害のごく一部でしかない。3年間、そこで暮らす人々に話を聞き、個々の視点で見続けてきた記者達による〝震災以降〟の取材報告を、一冊にしたものである。

2014年3月11日

渡部 真

もくじ

第1章 いまも続く大震災を見つめなおす

地域を守る防災センターで起きた悲劇……フリーライター 渋井哲也
——多くの犠牲者を出した鵜住居地区防災センター[岩手県釜石市]……10

家族を捜し続けて迎えた“4年目”……ジャーナリスト 池上正樹
——区切りをつけられずにいる人達に必要な「心の復興」[宮城県名取市]……16

地滑りによって破壊された新興住宅地……ジャーナリスト 村上和巳
——仙台市の内陸部で見える地震の威力[宮城県仙台市]……20

震災で助かった命が失われていく……フリーライター 渋井哲也
——震災数年後に起きる自殺者数の上昇傾向
[岩手県/宮城県/福島県]……24

内陸で“津波”に襲われた須賀川のその後……ジャーナリスト 村上和巳
——「公園」としても使われていた農業用貯水池が決壊[福島県須賀川市]……28

黙殺された男……共同通信カメラマン 原田浩司
――警戒区域の最後の番人、松村直登［**福島県富岡町**］……32

矛盾する被曝労働の現実……インディペンデント記者 長岡義幸
――作業員が抱く“向こうで騒いでる”脱原発運動への違和感
［**福島県**］……36

誰が福島第一原発収束作業員を守るのか
……フォトジャーナリスト 小原一真
――事故収束作業員達を支える家族の声［**福島県**］……40

出口なき都市部の住宅除染……ジャーナリスト 藍原寛子
――福島県内の広域NIMBY（ノット・イン・マイ・バック・ヤード）
［**福島県福島市**］……44

放射性物質と風評被害に立ち向かう生産者達
……ライター 粥川準二
［**福島県福島市／郡山市**］……48

現在進行形で続く原発事故の行方……ジャーナリスト 村上和巳
――事故収束の進行度合い
［**福島県双葉町／大熊町／富岡町／楢葉町**］……52

原発を作ったメーカーの責任を問う……編集者 太田伸幸
――困難な訴訟に挑戦する“ロックな弁護士”と“常識に囚われない男”
……56

記者会見から見える東電の企業体質
……ジャーナリスト 村上和巳
――事故の加害者という立場に立ち積極的な情報提供を求める
［**東京都千代田区**］……60

第2章 終わりの見えない原発事故の影響

第3章

暮らしの中で見えた光と影

［特別寄稿］**物語化された「福島」への抵抗**
……福島県郡山市在住 安積咲……64

夏暑く、冬寒い、命を縮める仮設住宅
……『しんぶん赤旗』社会部記者 本田祐典
――疑問が残る宮城県の仮設住宅対応
［岩手県釜石市／宮城県気仙沼市／石巻市ほか］……68

南相馬で暮らす市民を支えた医師達……フリーライター 渋井哲也
――妊産婦を診つづけた産科医と、東京から南相馬に通う医師
［福島県南相馬市］……74

震災で見つめ直す消滅寸前の高齢者農業
……ジャーナリスト 上垣喜寛
――集落を守り、生きがいをつくる福島の農民達［福島県二本松市］……78

再び「東北一のイチゴ産地」を目指して……ジャーナリスト 村上和巳
――壊滅したイチゴ栽培の復活に奮闘する亘理町の生産者
［宮城県亘理町］……82

被災した地元の人達に本を届けたい
……インディペンデント記者 長岡義幸
――廃業した書店、仮設で踏ん張る書店、新規開業した書店
［岩手県大槌町／陸前高田市／福島県南相馬市］……86

東京から1時間半で到着する“マイナー被災地”
……フリーランス編集者 渡部真
――報道から置き去りにされ風化を懸念する人達
［福島県いわき市／茨城県北茨城市／潮来市／千葉県旭市］……90

儚くも消えた国分町のバブル景気……フリーライター 渋井哲也
――東北最大の繁華街は本当に好景気に湧いていたのか?
［宮城県仙台市］……94

写真で伝える3年間……97
震災の中の子ども達……渋井哲也
足を運ばなければ見えないもの……太田伸幸
出会った人達に魅力を感じながら……渡部真

第4章 災害の中で過ごした子ども達

大川小事故検証委員会は検証できない!?
……フリーライター 渋井哲也
――1年かけて検証した内容は2年前からわかっていたものだった
［宮城県石巻市］……106

大熊町から長野県に避難した少女の3年……写真家 尾崎孝史
――福島第一原発から3kmの自宅で行方不明になった妹を捜して
［福島県大熊町］……112

震災遺児としての思いを伝えたい……フリーライター 渋井哲也
――震災孤児・震災遺児へ必要なサポート［岩手県宮古市］……116

新たなスタートを切る子ども達……『毎日小学生新聞』記者 中嶋真希
――宮城県石巻市立北上小学校＝［宮城県石巻市］……120

釜石で起きたのは、本当に“キセキ”なのか?
……フリーランス編集者 渡部真
――メディアから美談として伝わる「釜石の奇跡」を検証する
［岩手県釜石市］……124

［特別寄稿］「貴重な体験」を重ねた子ども達の3年
……福島県南相馬市在住 番場さち子
――南相馬で学習サポートを続けた塾教師から見えたもの……131

第5章 地元を離れて暮らす人々

日本酒「甦る」に願いをこめて……フリーライター 平井明日菜
――避難した山形から故郷へ捧げる
［福島県浪江町・南相馬市→山形県長井市］……136

富岡から群馬に避難した障害者施設
……『福祉新聞』編集部記者 鮫島隆紘
――「みんなで一緒に福島へ帰ろう」の合言葉を実現させるまで
［福島県→群馬県］……140

それぞれの岐路に立つ避難者達……ルポライター 西村仁美
――悲喜交々な避難者の3年間［宮城県・福島県・千葉県→全国］……144

避難先で暮らし続けるという選択……フリーランス編集者 渡部真
――帰りたい、帰れない、帰らない
［福島県双葉町→埼玉県加須市／茨城県北茨城市］……148

第6章

未来に向けた町づくりの課題と展望

［対談］被災地を風化させないために
……陸前高田市長 戸羽太・社会学者 開沼博
――これからの町づくりと被災地観光……152

東北復興へ向けて待ったなし！……フリーライター 渋井哲也
――被災地首長、4年目の決意
［岩手県釜石市・野田武則市長、福島県南相馬市・桜井勝延市長］……160

集団移転による自宅再建が進まない……ジャーナリスト 村上和巳
――地元住民に不公平感と恨みを生み出す復興計画
［岩手県岩泉町／宮城県亘理町］……164

医療費の窓口免除が命を左右する……フリーライター 渋井哲也
――打ち切られた宮城県で起こる自殺・治療控え・人口流出
［宮城県気仙沼市／仙台市ほか］……168

漁民を置き去りにした宮城県の"漁業特区"
……フリージャーナリスト 西岡千史
――村井県知事の強引な構想に翻弄される漁業の復興
［宮城県石巻市］……172

高い防災意識を持った町づくり……ジャーナリスト 村上和巳
――人的犠牲ゼロに貢献した洋野町の自主防災の取り組み
［岩手県洋野町］……176

学生被災地訪問記……学生 玉置春香
――関西の若者の目から見る復興の現状［岩手県大槌町］……180

震災の記録を守れ！……フリーライター 島田健弘
――3年間の膨大なデータをアーカイブ化する……184

メルマガと映像で「被災地に生きる人々」の姿を伝える
……ジャーナリスト 亀松太郎
……188

ライターおススメ・グルメ情報……学生 寺家将太
――東北に行ったらココに寄ってネ！……192

編集後記……196

INDEX MAP

	直接死	関連死	行方不明数
岩手県	4,672人	439人	1,142人
宮城県	9,594人	883人	1,282人
福島県	1,603人	1,679人	228人
茨城県	24人	41人	1人
千葉県	19人	4人	2人

[注1]死者(直接死)、行方不明者については、2014年2月～3月の各県発表による。
[注2]震災関連死者については、各自治体、および復興庁発表による。
[注3]各市町村名の横の数字は、本書掲載ページ数
直直接死者数
関震災関連死者数
行行方不明者数

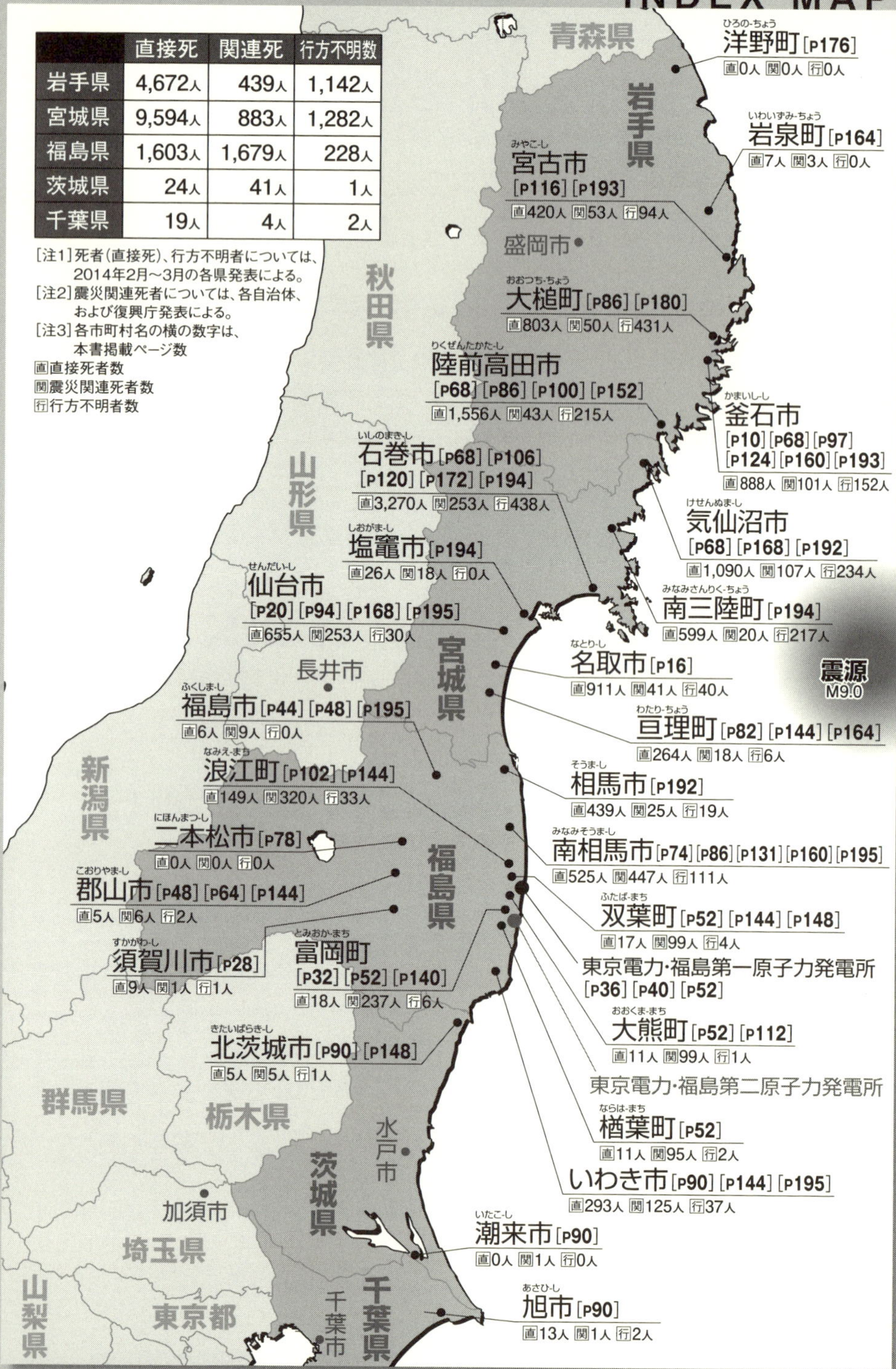

本書に掲載された記事は、2011年3月11日から2014年3月11日までに取材した記録を元に作成されています。掲載されている情報はその間に得たものであり、その後、修正・変更されている可能性もあります。

第1章

いまも続く大震災を見つめなおす

宮城県気仙沼市のJR大船渡線・鹿折唐桑駅近くに
打ち上げられた大型漁船・第十八共徳丸。
津波の脅威を伝える「物言わぬ語り部」を見ようと、
被災地の内外から多くの人がこの地へ足を運んでいたため、
市は「震災遺構」として保存を検討したが、地域住民からの反対意見が多く、
結局、2013年10月に解体された。
（撮影：2011年4月10日／渋井哲也）

地域を守る防災センターで起きた悲劇
～多くの犠牲者を出した鵜住居地区防災センター

渋井 哲也 ●フリーライター

【岩手県釜石市】

２０１４年２月。津波により２００人以上が犠牲になったと言われる鵜住居地区防災センターの解体が終了した。多くの犠牲者は何故、この場所に避難したのか。いま、遺族達の胸中も様々である。

●避難した防災センターで津波に呑まれた

２０１４年２月11日、震災から34回目の月命日。美容師の片桐浩一さん（44歳）は、亡き妻・理香子さん（当時31歳）とお腹にいた娘・陽彩芽《ひいめ》ちゃんの墓参りに来ていた。数日前に記録的な大雪が降ったため、寺は雪で覆われていた。片桐さんは墓の雪を払い、花とジャスミンティーを手向けた。

「こんな雪だから『来なくてもいいのに』と、間違いなく、そう言っている。でも一人で寒い思いをしているからさ。それに、その言葉の後には必ず『来てくれたんだ』って言葉がある。震災の時も、会えればそういう言葉が返ってくるだろうと思っていた」

◇　◇　◇

２０１１年３月11日、あの震災があった時、片桐さんは職場のある岩手県釜石市の市街地にいたが、間一髪で津波から逃れ近くの病院に避難した。一方、妻の理香子さんは鵜住居《うのすまい》幼稚園で臨時教諭をしていた。子どもを安全なところに避難させているはずだから、理香子さんも助かっているだろうと、片桐さんは考えた。

「預かり保育というのがあるので、何人か残っていた時間だろうなって思った」

翌日、理香子さんを探しに出かけた片桐さんは「なんで来たの？」とか「よく来たね」と理香子さんに言われるだろうと考えながら、市街地から鵜住居に向かった。

大雪のあと、防災センターがあった場所で、理香子さんが好きだったコーヒーと花を手向け、手を合わせた片桐さん

鵜住居地区は市街地の6㎞ほど北にあるが、鵜住居と市街地の間に両石《りょういし》地区がある。釜石市では、沿岸低地にある集落の多くが津波で浸水し、その間にある峠を越えながら移動しなければならなかった。片桐さんは、浸水していた両石の道路を避けるように歩き、JR山田線の鉄橋を通って恋の峠を越えて鵜住居に向かった。歩きながら津波被害の大きさを見ながらも、理香子さんが無事である事を信じて疑わなかったと言う。しかし、避難所を探しまわるが、理香子さんには会えない。

それから数日間、市街地と鵜住居を何度も往復したが理香子さんに再会できなかったため、震災から5日目、もしやと考え、遺体安置所に足を運んだ。そこで、理香子さんが亡くなっていた事がわかった。発見場所は「鵜住居地区防災センター」と書かれていた。

JR山田線・鵜住居駅の近くに「鵜住居地区防災センター」があった。釜石消防署鵜住居出張所も併設されている同センターは、大雨や土砂災害の時の長期避難をする施設だったが、津波の際に避難する場所としては指定されていない。にもかかわらず、震災当日、多くの人が防災センターに避難をした。消防署員や消防団員も集まっていたとされている。

市教委の説明によると、当日の鵜住居幼稚園の様子は以下のようなものだった。

◇　◇　◇

地震発生時、防災センターの隣にあった鵜住居幼稚園には園長や教諭が5人、預かり保育の園児4人、合計9人がいた。園長と主任教諭、理香子さんは2階の職員室にいた。地震後、預かり保育の園児4人のうち、2人は保護者が迎えにきた。残りの2人は教諭たちと幼稚園の園庭に避難した。園庭に出ると、消防関係者（署員なのか団員なのか不明）が手招きをしたため、教諭たちは子ども2人と一緒に防災センターへ避難し、2階の和室（第一研修室）に向かった。園長は園内で市教委の指示を待った。

その結果、預かり保育の2人の園児と主任教諭1人は奇跡的に助かったものの、幼稚園に残った園長と、もう1人の主任教諭が犠牲となり、3月14日に幼稚園裏で発見された。理香子さんの遺体は15日に防災センターの2階で発見された。もう1人の臨時職員は行方不明のままだ。

地震後に引き渡した園児のうち1人も、親とともに防災センターに避難して犠牲になった。

釜石市によると、防災センター内で63人、鵜住居幼稚園周辺で5人の遺体が見つかっている。別の場所で遺体が発見された人たちを含め、およそ200人を超える人たちが、防災センターで犠牲になったのではないかと推測されている（※発見された遺体の数は、後述の「調査報告書」より）。

なぜ津波の避難場所ではない防災センターに多くの住人が避難し、これほど多くの犠牲が出たのか。

●津波避難場所ではなかった防災センター

2012年12月、「鵜住居地区防災センターに関する被災者遺族の連絡会」（以下、連絡会）は、釜石市の野田武則市長に、第三者による検証委員会の設置を提案した。それを受けて釜石市は、13年4月「鵜住居地区防災センターにおける東日本大震災津波被災調査委員会」を設置し、防災センターが設置された経緯や、周辺住人の避難行動などについて検証する事となった。同年8月には、「中間報告」が、14年3月には「調査報告書」が公表されている。

防災センターは、鵜住居地区と、隣接する栗林地区の「消防救急・防災機能の充実」や「保健福祉・行政窓口サービスの向上」、「生涯学習の増進」を目的に、2010年2月に開所したばかりだった。建物は2階建てとなっており、中はいくつもの部屋にわかれ、災害時には、避難者の収容を含めた拠点避難所として活用する事になっていた。

しかし、災害時の避難所とはいえ、前述した通り津波避難所としては指定されていない。防災センターのあった場所は過去の津波で浸水したエリアだ。防災センター周辺の地域では、常楽寺の裏山か鵜住神社境内が市が、指定する避難所となっている。

一方で、釜石市が作成したハザードマップによると、防災センターは浸水想定区域に入っていない。こうしたハザードマップの想定は「安全のお墨付き」と勘違いを招きかねない。市の認識としても「浸水の可能性はあっても2階までは来ないだろう」（調査報告書）というものだった。防災センターの屋上は、予算上の制約で階段が整備されていない。津波が2階まで達すれば、避難者たちは逃げ場を失ってしまう構造だった。

津波の避難所ではないにも関わらず、開所してから東日本大震災が発生するまでの約1年間に、実際の避難活動や、防災訓練が、防災センターで実施されていた。

●10年2月29日、チリ地震発生により34人が避難
●10年5月23日、市の津波避難訓練で68人が参加
●10年8月8日、自主防災会防災訓練で１３０人が参加
●11年3月3日、市の津波避難訓練で１０１人が参加
●11年3月9日、三陸沖地震発生により４人が避難

このように、鵜住居地区では、防災センターが訓練としても実践としても避難場所として利用されており、地域住人の意識に避難場所として定着していた事がうかがえる。10年8月の訓練では、救援物資の要請や炊き出し、配給などの具体的な訓練も行われた。

もちろん、住民の中には、防災センターが本来の避難場所でない事を知っていた人もおり、避難しなかった人もいた。地震発生当時、防災センターではパソコン教室が開かれていたが、「私の避難所はここではない」と常楽寺に向かった受講生もその1人だ。しかし、その事が地域全体に共有されていなかった。

避難訓練に使われた理由として、避難場所に指定されている常楽寺の裏山や鵜住神社境内では、人が集まらなかったと言う。そのため、避難訓練の参加率を上げるために、近くの防災センターを利用していたのだ。市はそうした訓練を認めたものの、本来の避難所を積極的に広報する事はなかった。調査報告書でも、「津波避難場所、拠点避難所、一次避難場所、避難者収容施設等が混在し、（地域住民たちにとって）正確な理解が困難なものであった」としている。

懸念されなかったわけではない。２０１０年2月に起き

たチリ地震では、市内に津波警報が発令され34人が防災センターに避難した。これを受けて、防災センター内に設置された生活応援センターの所長（当時）が、市の地域づくり推進室長宛に、以下の電子メールを送っている。

〈鵜住居センターは浸水地区内にあり、本当に大きな津波が来れば逃げられない事。したがって津波避難所に指定されていないが、今回は2階を使って避難者を受け容れたがこれで良いのか？〉

しかし、このメールに返事が返される事はなく、市で正式に検討される事もなかった。

こうして、地域住民の間に誤った認識を生み、加えて津波に危機意識が高まる事もなく、それが多くの被害を出す事に繋がったとされている。２０１４年3月4日、検証委員会の最終報告書は、野田市長に提出された。

●解体か、保存か

震災から時間が経ち、市内復興の進展にともない、鵜住居地区防災センターを解体すべきか、「震災遺構」として残すべきか、検討された。

前述の片桐さんは「保存すべき」と主張していた一人だ。「未来志向じゃないといけない。今壊すんじゃなくて、先の事を考えたい。防災教育に必要な場だ。あそこに訪れた人には、建物があってこそ伝わる」

亡くなった理香子さんは、教育者として「今も大事だが、未来も大事」と考えていた。その事が、片桐さんの頭から離れない。

◇　◇　◇

震災当時、菊池琴美さん（当時35歳）と長男の涼斗くん（同6歳）は防災センター近くの実家にいた。琴美さんの自宅は、市街地から数㎞ほど内陸側にある定内町だったが、家業の手伝いで鵜住居に来ており、涼斗くんは風邪をひいて保育園を休んでいたため同行していた。

津波警報がなると、消防団員の実父に連れられて防災センターに避難し津波の犠牲になった。実父は水門を閉鎖するために別の地域に向かい助かった。

「明治三陸津波の時は防災センターのあたりまで来ているんですよね。過去に何度か大きな津波が来ている。後世に伝えるための碑もある」

そう語ってくれたのは、琴美さんの義父・菊池通幸さん（66歳）だ。しかし「（防災センターに避難させた）実父を責めるわけにもいかない」と話す。4月になってから、琴美さんの夫・辰也さん（39歳）が、防災センター1階で

涼斗くんの妹・風音ちゃんがひいている電子オルガンの前に立つ菊池さん。中央には亡くなった琴美さんと涼斗くんの似顔絵が飾られている

涼斗くんの遺体を発見した。琴美さんは、遺体安置所で確認された。

そんな菊池さんは、防災センターの解体に賛成した。壁や天井が痛んでいる事や管理上の問題がある事、建物があると街づくりの支障になる、との理由だ。

連絡会は、遺族のすべてが参加しているわけではないが、連絡会の中では、菊池さんと同様に解体賛成の意見が多かった。遺族の中には、片桐さんのように保存を求める声もあったが、「他の遺族の事を無視したわけではない。いろんな意見があると思うが、待ってないで意見を出してほしかった」（菊池さん）という。

市は解体か保存かで揺れながらも、２０１３年10月、野田市長が最終的に解体を決断。市長は「『多くの方々が亡くなった場所を残しているといつまでも悲しみだけが残る。亡くなった御霊にも、生きている方々にもなんら利するものではない』という言葉をいただいたから」と決断の理由を語った。

解体前には「鵜住居地域復興まちづくり協議会」主催のお別れ会が防災センターで開催された。菊池さんは、お別れ会の会場の後ろで主催者や市長のあいさつを聞きながら、時おり涙ぐんでいた。

「解体するとなると複雑な気持ち。孫が生きていれば小学3年生。悔しさだけが残る。残念だね。解体前に祭壇も片付けないといけない」

◇　◇　◇

２０１４年2月、防災センターの解体作業が終わり、建物はもうない。

解体後には足が遠のくかもしれないと言っていた片桐さんは「やっぱり、ここに来たい」と思い直している。

菊池さんは「交通事故の遺族がその場所に行って手を合わせるように、防災センターもそうだった。だからなくなると寂しいですね」と話した。

家族を捜し続けて迎えた〝4年目〟
～区切りをつけられずにいる人達に必要な「心の復興」

池上 正樹
●ジャーナリスト

【宮城県名取市】

被災地では、未だに多数の行方不明者がおり、震災から4年目を迎えた今も、多くの家族が心の整理ができぬままでいる。家族たちの悲痛な思いを聞いた。

「（工事で）土が盛られてしまえば、不明者は永久に出てこられなくなる」

東日本大震災から丸3年を前にした2014年3月6日、津波で家族が行方不明のままの宮城県名取市閖上《ゆりあげ》地区の住民21人が、2万4510人分の署名の添えられた嘆願書を名取市の佐々木一十郎市長に手渡した。

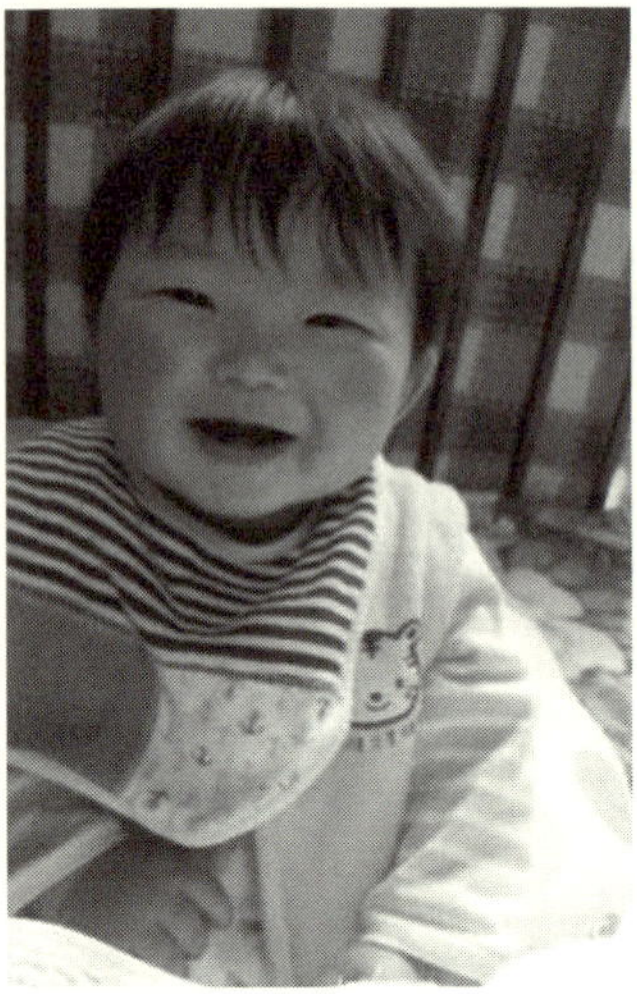

「雅人　まさと　生後8か月　身長70㎝ぐらい　体重9㎏ぐらい　下前歯の右側に乳歯生えかけ。尾骶骨にもうこ斑。名取市閖上地区で行方不明。ご存じの方、連絡いただけないでしょうか」竹澤さんは、こう呼びかけるポスターをすべての避難所、公共施設に貼って回った

「望まない姿でも、もう一度、家族に会いたい。せめてお墓に入れてあげたい。閖上地区の区画整理事業で土地をかさ上げする前に、大規模な捜索を実施してください」

嘆願書をしたためたのは、長男・雅人君（当時8か月）と、妻の母親（当時61歳）の家族2人が行方不明になっている、竹澤守雅さん（46歳）・さおりさん（38歳）夫妻だ。

2人は共働きのため、震災当日、雅人君を閖上地区にあったさおりさんの実家に預けていた。実家は、消防署閖上出張所の近くにあった。しかし、防災無線は鳴らないまま、雅人君と両親、祖母のいた実家付近は津波に襲われた。

震災直後から、家族の姿を求めて、竹澤さん夫妻は学校の体育館や公民館、コミュニティーセンターなどの避難所を探し回った。2人は、ほぼ避難していそうな場所を行き尽くした11年3月13日朝、浸水した閖上地区へと向かおうと、釣りに使っていた胴長とブーツを車に積んだ。大きく迂回して南西側から県道を通って閖上へ向うルートは封鎖されておらず、そこから入っていった。両脇には、自衛隊の車が通れるように、たくさんの車やトラックが壁のように縦や横向きで停まっていた。対向して来る車はほとんどなかった。たまに消防車や警察の車がすれ違うものの、注意される事なく「五差路」までたどり着いた。そこは、仙台と名取を結ぶ幹線道路が走る閖上大橋の袂であり、名取川沿いの道路、海岸部から内陸へと向う道路などが交差している。閖上住民が避難した閖上中学校も近くだ。大地震の後、避難しようとした車がこの五差路に集中したが、閖上大橋で事故があり通行止めになった事も重なり、大渋滞となって車が周辺に留まっていた。そこに津波が襲った。

目の前に広がるのは、この世のものとは思えない光景だった。その惨劇を見て、さおりさんは堪えきれず号泣した。交差点角にあったローソンの前に車を停め、守雅さんが「待っているか？」と聞いた。さおりさんは、置いて行かれるのが嫌だったのか「一緒に行く」と答えた。

その頃の閖上地区は、水が引き始めていたものの、まだ足首の上まで浸かっていた。地面はまったく見えない。そんな状況の中、建物の破片をよけて進むのが大変だった。

「家族を捜すというより、家がわからないんですよ。それまであったものがないし、残ってるのは、見た事のない家ばっかりで……」

五差路から、実家の近所にある東禅寺が見えた。ふだんなら、東禅寺から実家まで5分もあれば着ける。ところが、この日は、東禅寺を目印にして実家を見つけだすまでに1時間半もかかってしまった。現場には家の影形はなく、基礎が残っているだけで、そこには何もない。市役所や消防署に行っても、家族の情報は得られなかった。

〈僕は耐えられなくなり、初めて声をあげて泣きました。ほんとうに耐えられなくなりました。あの惨状を見て、避難してなければ生きているわけがない〉

守雅さんは11年6月から発信しているブログ『雅人のとうちゃん』の中で、当時の思いをそう吐露している。

遺体安置所ができたと聞いて、義理の弟と出かけた。父親の遺体は、義弟が見つけた。当時、ガソリン不足が深刻で、遺体捜索の名目でなければ、分けてもらえなかった。

「これから捜したくても、息子の名前は書けなかったので、背に腹を変えられないと、お義母さんと義祖母の名前を書いて、ガソリンを20ℓ買うことができました」

●手がかりを捜し続ける日々

それから守雅さんは、毎日、閖上を捜索。夕方になると、義理の弟と一緒に遺体安置所へ行った。

一方、さおりさんは、その間も閖上に残り、思い出探しの活動を行った。

「最初のうちは(実家の)車が見つかってなかったので、車を捜して回っていたんです。でも、途中から自分では探せないから、アルバムを見つけようって……」

アルバムは、実家近くにあった閖上公民館に、誰かが持ってきて置くようになった。さらに、自衛隊の集めたアルバムが「小学校の体育館にあるよ」という話を聞いて行ってみた。そこで、家族の写真を見つけるために、何万枚もの写真を洗浄する活動を始めた。

「ただ、写真は1枚しか見つからず、私しか写っていなかったので、あまり意味なかったんです(苦笑)」(さおりさん)

それでも、SNSである「mixi」を利用して人を募り、写真洗浄のグループが生まれた。やがて、富士フィルムも入り、その活動を支援するようになった。

結局、車は4月の初め、閖上小学校前の田んぼで裏返しになっているのを守雅さんが見つけた。車中には財布やバッグなどのほか、雅人君のミルクの哺乳瓶が入っていた。

「キーが挿さっていなかったので、降りて近くにいたのか、公民館の近くに停めてたのかもしれません。防災無線が鳴っていれば、うちの家まで車で10分なので、避難できていたと思います」

守雅さんは、無念そうにつぶやく。

7月頃になると、自衛隊も警察も見かけなくなり、捜索が終わったような感じになった。警察へ行くと「○○を捜索してほしいと言えば、捜索してあげる」と、具体的な捜索場所を示すように言われる。しかし、素人には、すでにどこを捜索したのかさえも、わからなかった。

その後も、岩沼警察署、宮城県警、名取市役所を回って、捜索してほしいと嘆願書を出した。しかし、市の対応は「警察に一任しているから」というもので、「市長に会いたい」と言うと「市長は忙しいから」などと言って、取り合ってもらえなかった。

震災1年後の東禅寺の合同慰霊祭の時、妻が行方不明という男性から「貞山堀の捜索を市議会に請願したいので署名してほしい。他の行方不明家族を探してほしい」と求められた。その場で、竹澤さん夫妻もお願いし、提出時には15家族ほどが署名。2012年春、市議会への請願が受理された。こうして市も2000万円の予算を付けて捜索したものの、何も手がかりは見つからなかった。

名取市では2014年3月現在、40人の行方がわかっていない。しかし、その行方不明者の家族同士でさえ、情報交換などの連携が取り合えない状況で〝4年目〟を迎えた。

「マグロのように、動き続けてないと。これで終わりとなったら、死んでしまうからって思う部分があるんです」

竹澤夫妻はそう言って、この3年間、捜索を各関係機関にお願いし続けてきた。

同月現在、宮城県内の行方不明者数は1282人。この1年の間に身元が判明したのは、わずか20人しかいない。

小さな手がかりも見逃すまいと、ボランティアによって行われている閖上地区の側溝捜索の様子（撮影：2013年4月27日、竹澤守雅さん提供）

ちなみに、岩手県内の行方不明者は1142人。ようやく集計できるようになった福島県内は228人。行方のわからない人は、被災3県合わせて2652人にも上る。その中には、いまも死亡届を出さないまま、家族の帰りを待ち続けている人達も少なくない。

各県警では、毎月11日の月命日に捜索を行っているものの、水が人を寄せ付けず、捜索がほとんど手つかずのままの場所もある。

守雅さんは、2014年3月6日付のブログに、こう書き綴った。

〈取材されていて、いつもメディアに聞かれる事。息子雅人ちゃんが見つかったら、何て声をかけてあげますかと。かける言葉なんて考えていないし、今は、考えられません。本気で泣いて、泣いて泣いて、泣いて、泣き崩れたいです〉

震災復興という名の下に、十分な住民の合意もないまま、総延長370キロに及ぶ巨大防潮堤や土地のかさ上げなどの事業に、復興予算が惜しみなく投入されている。一方で、あの日から区切りをつけられずにいる「心の復興」は、ずっと置き去りにされている現実がある事も、震災から3年が過ぎたいま、きちんと記しておきたい。

池上正樹　いけがみ・まさき
1962年生まれ。大学卒業後、通信社勤務を経て、フリーのジャーナリストに。「心」や「街」をテーマに執筆。近著は『石巻市立大川小学校「事故検証委員会」を検証する』（ポプラ社）。著書『あのとき、大川小学校で何が起きたのか』（青志社）など。

地滑りによって破壊された新興住宅地
～仙台市の内陸部で見える地震の威力

村上和巳 ●ジャーナリスト

【宮城県仙台市】

津波だけではなく、強い揺れによる被害が甚大だった地区もある。仙台市青葉区折立地区では、住民の高齢化などの問題を抱えながら、紆余曲折の末、造成地の復旧工事が始まった。

「家はダメになりました」

２０１１年3月11日、仙台市青葉区折立《おりたて》5丁目に住んでいた村田弌利さんが、車で自ら経営する屋外広告会社に戻る途中、妻から携帯電話に送られてきたメールにはたった一言、そう書いてあった。

折立5丁目は海から約20㎞。今回の震災で象徴的だった津波が来襲する場所ではない。日も暮れた午後6時過ぎ、そこに戻ると、周囲は驚くほど人気がなく静まり返っていた。暗闇の中、自宅を目にした村田さんは驚愕した。

「もうこりゃダメだ」

村田さん宅の基礎部分に崩壊した隣家の擁壁が崩れて潜り込み、家屋全体が傾いて真ん中から「折れた」格好になっていたからだ。

地区からの避難者があふれかえっていた近所の小学校の体育館で妻と再会したが、最初にどんな言葉を交わしたかは記憶にない。とにかく体育館内は足の踏み場もなく、余震のたびに住民達が出入り口を開けた。外は雪がちらついていた。

●住宅供給公社に対する不信が消えぬまま

人口約１０４万人（震災前）で東北最大の都市・仙台市は東日本大震災で沿岸部に津波が襲来したが、その陰で内陸の５７２８宅地（２０１３年7月時点までに判明）も被害を受けている。多くは高度経済成長期に宅地造成された

震災直後の村田さん宅の様子（写真：村田弐利さん提供）

住宅団地。折立5丁目も沢があった山地を切土と盛土で造成した新興住宅団地で、この震災によって仙台市内で最も大規模な地滑りが発生。仙台市は11年3月14日、折立5丁目の41世帯を警戒区域に設定した。

東北自動車道の仙台宮城インターチェンジのすぐ脇にあるこの地を11年6月に訪れた時は、路面がひび割れて波打ち、マンホールは地上に突き出て、多くの住宅の擁壁は崩れ、家屋そのものが傾いているものも少なくなかった。そして路上には「臨時給水栓」の標識と蛇口が設置してあった。現在は傾いた家の多くが解体されて更地となり、深々と冷え切った空気が漂う中、工事の槌音が響く。

同地区では11年3月末に震災により自宅が全半壊した被災者により「折立東部町内会被災者の会（参加63世帯、現・折立東部町内会被災復興の会）」が結成され、問題の解決に向けて動き出した。前述の村田さんは世話人として入会し、現在は仕事をつづけながら復興の会の会長を務めている。住まいはみなし仮設となった市営住宅。今でも被害にあった自宅で暮らす被災者も一部いるが、多くは村田さんのようにみなし仮設の賃貸住宅などに暮らしている。

復興の会が当初、現状改善のため接触したのが造成時の売主・宮城県住宅供給公社。4月に公社側との協議の場が

現在復旧工事中の折立地区。左にあるガレージは村田さん宅のもの

もたれたが、公社側は「売買から既に10年を経過し、我々には責任はない」。村田さんは公社側担当者に「これだけの被害が出ているんだから見舞いの一言もないんですか?」と問い詰めたが、「私達はもはやそういう立場ではありません」とぶっきらぼうな言葉が返ってきただけだった。公社側が主張した10年とは、売主の瑕疵担保責任による損害賠償請求権の消滅時効が売買目的物の引渡しから10年間という最高裁判例に基づくと思われる。

当時、被災復興の会で焦点になったのは、造成工事に手抜きがあったのではないかという事だ。そもそも沢があった場所を造成した場合、地下水の流れがあるため、地滑り防止のため暗渠が設置される。しかし、住民達はそこに疑問を持っていた。庭先で時折、湧き水などを目にする事もあったからだ。

公社側に当時の造成完成図の提供を求めたが、「保管期限が過ぎていて存在しない」との返答で、後に暗渠設置が記載された計画図が送られてきた。これでは検証は不可能だ。公社側の対応に会の内部では「裁判をすべし」との声もあがったが、多くの被災者が70歳前後で最高裁まで争う事も考慮すれば、最終結審まで全員が生きている保証はどこにもない。結局、会は市側と復興に向けて交渉する方向に舵を切った。

●希望を持って戻れる土地になるのか

会に所属する各世帯へはアンケートが3回実施された。いずれのアンケートでも「必ず戻る」「できれば戻りたい」「もう戻らない」が3分の1ずつ。

2012年2月、仙台市宅地保全審議会技術専門委員会は、折立地区について国の「大規模盛土造成地滑動崩落防止事業」を適用し、百数十本の鋼管杭を道路や宅地の一部に打ち込んで地滑りを防止するとともに地下水位を下げる

排水溝を設置し、擁壁などの補修を行う現地再建の方針をようやく打ち出した。

当初の予定では12年内に工事に着手し、早ければ14年春には工事が終了する予定だった。しかし、崩落した土地の境界画定や市側が工法を鋼管杭から地盤にセメントを混合し、鉄筋コンクリート杭を打ち込む固結法に変更した事で時間を要し、工事開始は13年5月にずれ込んだ。地区全体の工事完了は早くとも14年末になるとみられている。同事業で擁壁補修工事費の10%が各世帯負担となるが、住宅再建は全額各世帯の負担になる。そこまで考えれば15年までずれ込む事は必定だ。

だが、そこまでしても、アンケートで帰還の意向を示した住民達のすべてが戻る可能性は低い。過去に市側から国土交通省所管の防災集団移転促進事業による集団移転を打診された事もある。10世帯以上がまとまって移転する事が条件だが、最終的に復興の会の被災者で10世帯が集まらず断念した。同事業では被災者は集団移転地で自宅を自力再建するだけでなく、そのための土地も新たに購入しなければならないからだ。村田さんをはじめ被災者の中には現在も被災自宅のローン返済中の人もいる。年齢的に新たな住宅ローンの借り入れは難しく、なるべく出費を抑えたい立場からすれば当然の結果ともいえた。一時は経済的に折立では再建が不可能な世帯の事も考え、市側に非帰還者の土地を買い上げて集合住宅の災害公営住宅建設を要望した事もあったが、これは市により却下された。

このような経過を考えると、既に帰還希望者は以前よりも減少している可能性は否定できない。そう考えるゆえに最近では「怖くて住民の帰還希望アンケートができない」（村田さん）と心情を吐露する。

そして、次のように語る。

「必ず帰還するという人同士は、悲惨な経験を共有しているので、以前よりも遥かに親しくなっているし、より多くの事が話し合えるようになっている。しかし、虫食いのような土地に戻ってくる事の寂しさや、残された将来に夢を思い描けないのでは、という不安もある。できる事なら若い人に新たに来てほしいとも思う。だからこそ復旧工事で最高の強度を持った新しい土地に生まれ変わると信じたい」

村田さんらが期待を込める復旧工事は、今現在、小雪がちらつく中で進行している。

震災で助かった命が失われていく
～震災数年後に起きる自殺者数の上昇傾向

【岩手県／宮城県／福島県】

震災による死者は今も増え続けている。震災関連自殺……生活の不安、先行きの見えない原発事故だけでなく、被災者の抱える問題は様々だ。複雑で見えにくい、その実態を追った。

渋井 哲也
●フリーライター

●自殺が増えているという実感

「最近、仮設などで自殺が多くないですか?」

被災地を取材していると、こういう話をよく聞く。

実際に自殺者の数は震災前に比べて増えている事もあるが、仮設住宅に住んでいると、震災後に亡くなった人の死因が話題になる事もあり、震災前よりも情報に敏感という面もある。その両方があいまって、被災地では「自殺が増えている」という実感になって現れている。宗教者や孤児が自殺したという話も聞く。

２０１１年6月20日、福島県相馬市で酪農を営んでいた男性（54歳）が「原発さえなければ」と書き置きを残して

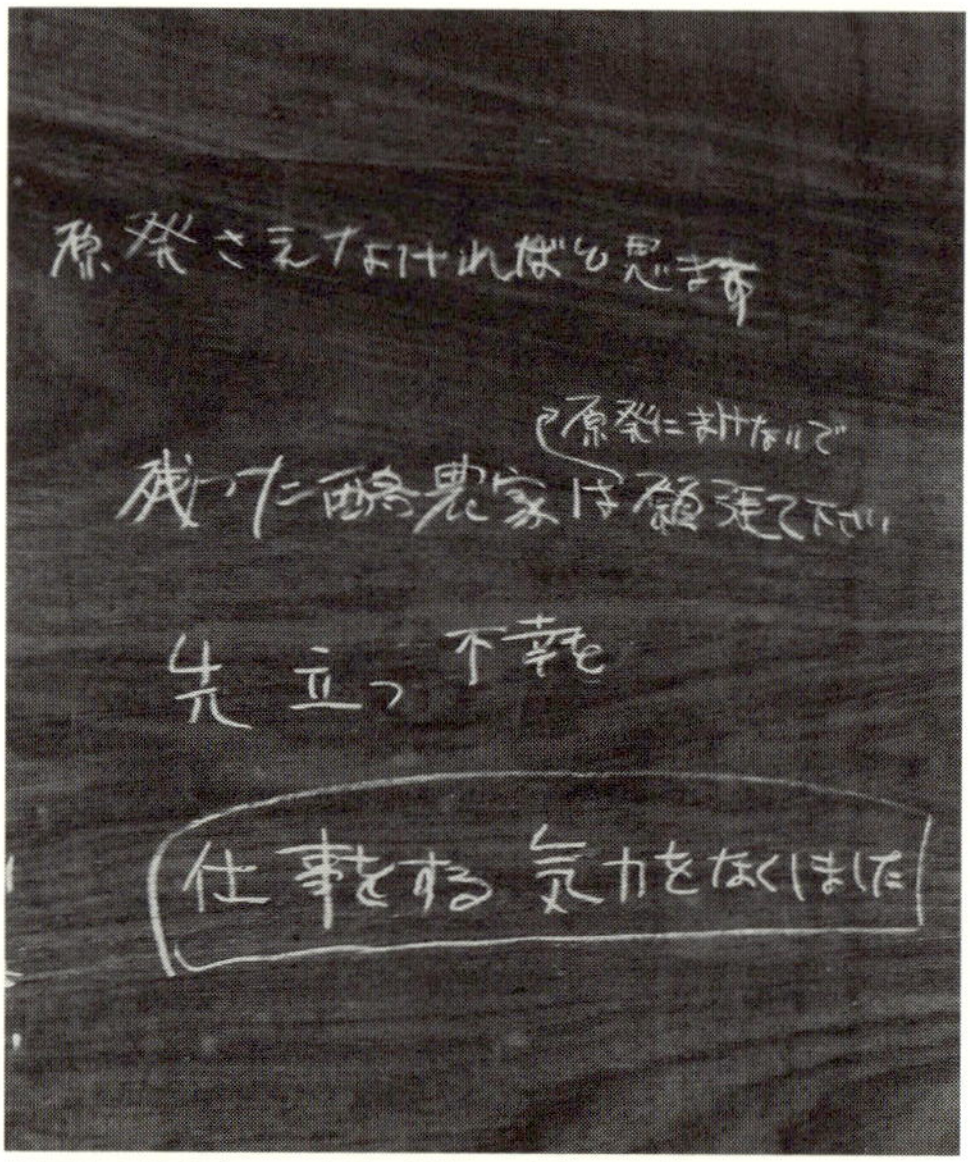

相馬市の酪農家は、事故の影響で家族が実家に避難し、一度は妻の実家に身を寄せたが単身で地元に戻っていた。その後、しばらくして、牛舎や作業場の壁に書き置きを残して自殺した

自殺した。震災自殺として大きく報じられ話題になった。

震災に関する自殺は、被災者に限らない。他の自治体から被災地域の行政支援として派遣されていた職員のなかにも自殺者がいる。12年7月22日、岩手県陸前高田市の男性職員（35歳）が、同県遠野《とおの》市の路上に停めた車内で死亡していた。男性は、4月から技師として同県盛岡市道路管理課から派遣され、漁港復旧などに従事していたという。遺書には「希望して被災地に行ったが、役に立てず申し訳ない」と記されていた。

また、13年1月3日、岩手県大槌《おおつち》町に派遣されていた兵庫県宝塚市の男性職員（45歳）が、宿舎として使っていた岩手県宮古市の仮設住宅で亡くなっていたのが見つかった。宛名のない遺書が残され、「ありがとうございました。大槌は素晴らしい町です。大槌頑張れ」と書かれていた。

●震災関連自殺とは

内閣府は東日本大震災に関する「震災関連自殺」を調査している。

【岩手県】　11年―17人↓12年―8人↓13年―4人
【宮城県】　11年―22人↓12年―3人↓13年―10人
【福島県】　11年―10人↓12年―13人↓13年―21人

13年は、被災3県以外に京都府でも1人亡くなった。

このように、各県の傾向は異なるが、福島県で震災関連自殺が増加傾向にあるのは、原発事故の影響で避難者が多い事や長引く避難生活が影響していると見られている。

内閣府によると「震災関連自殺」はこう定義されている。

（A）遺体の発見地が、避難所、仮設住宅又は遺体安置所であるもの
（B）自殺者が避難所又は仮設住宅に居住していた者である事が遺族等の供述その他により判明したもの
（C）自殺者が被災地（東京電力福島第一原子力発電所事故の避難区域、計画的避難区域又は緊急時避難準備区域を含む）から避難してきた者である事が遺族等の供述その他により判明したもの
（D）自殺者の住居（居住地域）、職場等が地震又は津波により甚大な被害を受けた事が遺族等の供述その他により判明したもの
（E）その他、自殺の「原因・動機」が、東日本大震災の直接の影響によるものである事が遺族等の供述その他により判明したもの

例えば、（a）遺書等に東日本大震災があったために

自殺するとの記述があった場合、（b）生前、遺族等に対し、東日本大震災があったため自殺したい旨の発言があった場合

ここで注意が必要なのは、実際には「震災関連自殺」と思われるケースでも、この定義に従うと、それとして扱われないケースも出てくる点だ。

例えば、自殺者が内陸部に住んでいて、とくに避難所で生活をしていなかった場合、震災によって精神的な不安を得ていても、遺族がその人の動揺を認識していなければ、「震災関連自殺」ではなくなる。宮城県内陸部で、ある女性が向精神薬を飲み自殺未遂を計った。もともと精神科に通院していたが、震災によりさらに不安定になっていたなかで、仕事や恋愛がうまくいかない事もあいまって自殺を試みた。未遂に終わったが、家族は彼女の震災後の動揺には無関心だ。この女性が、もし既遂となっていた場合、（E）に該当する可能性もあるが、家族が理由を証言しなければ、「震災関連自殺」として扱われないかもしれないのだ。

最近では、もともとあった家族問題が、自殺という結果になるという話も聞く。震災後、一時期は家族で頑張ろうとしていたが、時間が経ち、生活がそれなりに安定してくる中で震災前の問題が噴出してきているというのだ。こうしたケースが「震災関連自殺」として扱われるかは不明だが、震災を契機に、一度は前向きになろうとしていた気持ちが、再び自殺へと向かう側面は否定できない。

●住人の移動によって増減する自殺者数

震災関連自殺として認められるかどうかは別として、東日本大震災の直後、東北の被災3県を中心に自殺率が低下した。日本全体の自殺者数も減少傾向にある。こうした傾向は、今回の震災に限らず、阪神・淡路大震災や新潟中越地震でも同じだった。また、お隣の国、中国の四川大地震でも同様の傾向が見られた。しかし、いったん下がった自殺率は、その後、上昇すると言われている。1995年に起きた阪神・淡路大震災では、被災地である神戸市の自殺者数の推移が、震災の2～3年後に急激な上昇を見せた。ただし、98年は大規模な金融破綻事件がきっかけで失業者が増え、日本全体の自殺率が急増して、年間自殺者数が3万人を超えた。そのため、神戸の自殺増加の要因が、震災の影響だけとは判断しにくい点も留意が必要だ。

岩手県山田町のように、震災直後、とくに自殺者数は減少せず、翌年はここ数年のピークを迎えて、その後は減っているというケースもあるが、被災3県全体では、やはり

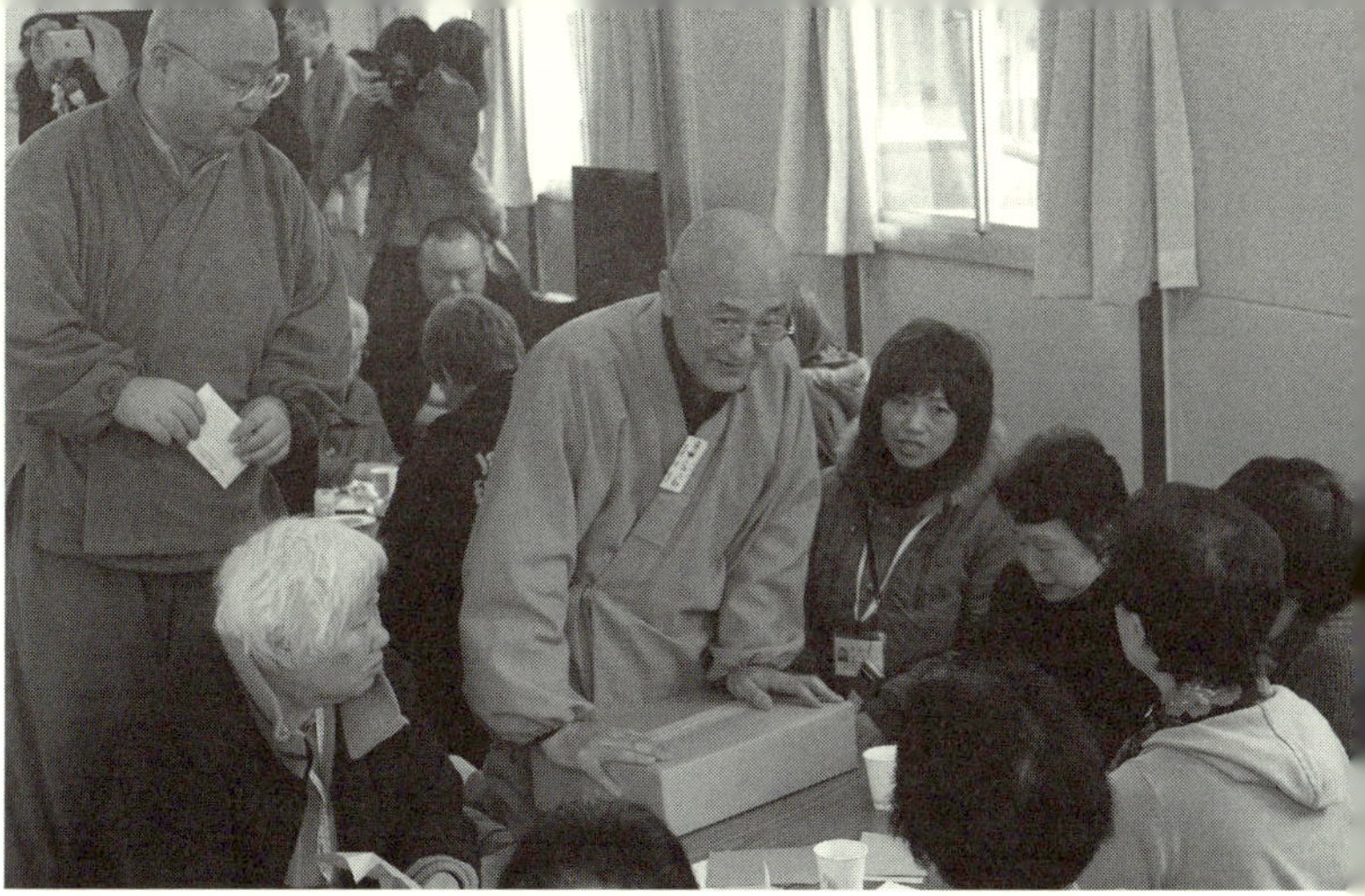

傾聴活動を行う移動喫茶「カフェ・デ・モンク」（宮城県石巻市）

一度は減少し、その後、再び増加傾向を示していると言える。

宮城県の自殺率上昇の理由のひとつとして、震災後に仙台市への人口流入が続いている事があげられるだろう。仙台市は、2012年だけでも9000人以上が転入となった。これは、東京都23区に次いで第2位の増加数だ。再び津波で同じ思いをしたくないと思ったり、帰宅難民にもなりたくないとの思いで、仙台市の内陸部に住まいを求めたとも言われている（「スーモジャーナル」）。

人口が増加した仙台市の傾向を見てみると、津波被害の大きかった若林区で、自殺者数が激減した。一方で内陸にある宮城野区は上昇に転じている。震災時に若林区に住んでいた人が、仮設住宅、借り上げ住宅、自力再建などで内陸部に移住した。ただ、自殺者数が増えた理由は明確ではなく、亡くなった人が震災前にどこに住んでいたのか確認できる詳細なデータはない。類推するしかないが、そこで出来た新たなコミュニティに馴染めなかったり、元のコミュニティの喪失感を埋められない人がいる。新たな移転先で自殺する人たちが、それぞれの自殺者数の増減に影響を与えているのではないだろうか。

一方で、福島では収束の見えない原発事故の影響で、生活再建に目処が立たず、地元に戻れないまま避難生活を続けている人たちも多い。福島ではとくに50代の自殺者が多い。先行きの不安定さが、自殺者数の増加に繋がっていると言えるだろう。

東北地方は震災前から自殺率が高かった。前述の通り、震災後、一時的に低下した地域もあるが、今後、復興が進展するにしたがって元のように、あるいはそれ以上に増加する事も予想される。メンタルヘルスに関する関心を高めるのも大切だが、何よりもまず、SOSのサインに敏感になる事が関係者と周囲に求められる。

内陸で〝津波〟に襲われた須賀川のその後

～「公園」としても使われていた農業用貯水池が決壊

村上和巳 ●ジャーナリスト

【福島県須賀川市】

3・11の地震発生直後、沿岸から70㎞内陸の村を濁流が襲った。犠牲者と大きな被害を出す原因となった藤沼貯水池の決壊の原因と、地域のその後をたどる。

「1度揺れがおさまって2回目の揺れが来て、そしたら『ゴー、バキバキ』と音がした。また地震が来たのかと思ったら、突然泥水が家の中に流れてきて、ウチの蔵に近くの家が流れてきてぶつかるわ、大きな桶がゴロンゴロンながって（流れて）きて」

福島県須賀川《すかがわ》市滝地区に住む鈴木君代さんは自宅の柱に掴まって押し寄せる濁流を凌いだ。玄関先にいた飼い犬は水面に顔を出しては沈みという動作を繰り返した。

濁流に呑まれた家から泥を掃き出し、畳などを全て交換するなど修繕を行ったが「小さな家を建てられるくらい費用が掛かった」という。飼い犬はこれ以降、水を怖がるようになった。

●「ため池100選」に選ばれた農業用ダムが……

泥水は滝地区から標高差にして30ｍ、直線距離にして800ｍ弱の距離にある藤沼貯水池から流れてきたものだった。貯水池は現在は須賀川市に合併された旧長沼町で第二次大戦前に着工、戦中の工事中断を経て戦後の1949年に竣工したアースフィル型農業用ダムで、周辺の873ヘクタールの農地へ水を供給していた。その北東側に位置した堤防が同地域を襲った震度6弱の揺れで決壊。貯水池に蓄えられていた150万ｔもの水が斜面の杉林をなぎ倒しながら滝地区と隣接する北町地区に押し寄せた。

この結果、死者7人、全壊・流出2戸、床上・床下浸水

濁流は手前の杉林をなぎ倒しながら押し寄せた。奥に見えるのが滝地区

62戸という被害をもたらした。そして当時1歳だった添田蒼空くんが行方不明のままだ。福島県警は２０１１年５月以降、判明しているだけで8回、蒼空くんの捜索活動を行っているが、いまだ手掛かりは得られていない。

日本国内には藤沼貯水池のような農業用ダムは約21万か所ある。農林水産省は、農業用水源として継続的利用され、堤体（堤防）等の適切な維持管理がなされているもの、さらに農業の礎、歴史・文化・伝統、景観、生物多様性、地域とのかかわりの5条件の中で1つ以上秀でたものがある農業用ダムを「ため池１００選」に選んでいるが、その中には藤沼貯水池も入っている。同省のため池１００選のＨＰには護岸に桜が咲き乱れている藤沼貯水池の写真データもあるが、いまや護岸のあちこちが崩れ、湖底は空っぽのまま草が生い茂る。ため池１００選の選定は奇しくも震災1年前の２０１０年3月11日だった。

●「維持管理に問題なし」と結論付けた県の調査

貯水池の設置者である福島県は震災の年の8月に農業用ダム・ため池耐震性検証委員会を設立し、決壊原因の調査を行い、翌年1月25日に結果を公表した。それを要約すると、決壊した堤防の上部盛土は砂分が多く、第二次大戦直後の条件が悪い時期に施工が行われており、これが地震で地滑りを起こし、それによる越流で中部、下部の盛土も一気に地滑りを起こして決壊したとしている。また、これまでの維持管理に問題はなかったとも記載している。

２０１１年の決壊直後、滝地区の一角にある畑で住民の森政子さんはしゃがみ込みながらこう話した。

「20代の頃の貯水池の盛土作業を手伝ったよ。なんせオナゴがトロッコに土積んで盛る事ができた仕事だもの。ダムの寿命かもしれんな」

だが、報告書が出る前から滝地区の住民の間では「人災」と言及する人達も少なくなかった。ある住民は「決壊した堤防付近で草刈りなどの保全作業していた業者は、堤防外側の地盤は水が浸みているのか、長靴を履かないと足元が濡れて作業ができないと言っていた」と証言する。

また、鈴木さんも「そもそも水を貯め過ぎていた」とも語る。貯水池はかつては農繁期になると農業用として放水するため水位は大幅に低下し、子供が護岸から降りて魚捕りに興じるほどだった。

●貯水池の復旧に同意はしたが

だが、平成年間に入って旧長沼町は貯水池周辺を「水と緑のふれあいランド」と称して温泉施設やゴルフ場を作り、これ以降、満水の景観を重視して農業用水利用を抑制していた疑いもあるという。別の住民はこう語る

「以前、貯水池を利用している農家が、なかなか放水しない事に業を煮やして、勝手に水門を開けて問題になった時、町側は『ここはいまや公園でもあるんで』と言った」

つまり老朽化し保守管理も不十分だった貯水池が大量の水を貯えすぎて脆弱になっており、地震に耐えられなかったという見方だ。しかし、公表されたわずか8ページの報告書概要版は、こうした可能性には微塵も言及していない。

滝被災住民らは「藤沼湖決壊被災者の会」を結成し、貯水池を管理していた江花川沿岸土地改良区に補償を求めて対立した。ところが、2012年3月28日、須賀川市、江花川沿岸土地改良区と被災者の会は覚書を交わした。覚書では改良区が被災者支援策として死者・行方不明者1人当り1000万円の弔慰金交付、流失家屋への1坪当たり15～45万円の支払いなどを行い、これと引き換えに被災者の会は藤沼貯水池の復旧に同意するというものだ。

だが、覚書締結後も住民の一部に不満は残っている。ある住民は「何の非も認めない改良区や市、県に対しては腹が立つが、貯水池がなくて米も作れない農家も被害者。この辺が潮時だと感じている」とため息交じりに語った。

貯水池建設当時の事を語ってくれた森さんも、曾孫の林萌子さんを失った。萌子さんは濁流に呑まれ4月24日、滝地区から約40㎞離れた二本松市の阿武隈川で発見された。顔に布が巻かれた遺体は、ちょうど四十九日に戻ってきた。森さんらは布を開く事なく荼毘に付した。

「年中ニコニコしていたからヒマワリ娘って言われてた。今も同級生を見ると思い出す。忘れらんね」（森さん）

被災者達が思いの一部を飲み込んだまま、耐震性能を高めると謳った藤沼貯水池の復旧工事は、2013年11月から開始された。完成は2017年3月の予定だ。

第2章

終わりの見えない原発事故の影響

東京電力・福島第一原子力発電所の4号機。
2011年3月12日に1号機が爆発した後に続き、
同月14日に3号機、15日には4号機が、それぞれ水素爆発を起こした。
当時、全電源喪失によって原子炉へ冷却水が送れなくなったため、
注水車で建屋の外から原子炉に水をかけ続けるしかない状況だった。
（撮影：2011年3月22日／東京電力提供）

黙殺された男
～警戒区域の最後の番人、松村直登

全てのインフラが止まった警戒区域で暮らす男は、日本のメディアから黙殺されながらも、動物達の世話を続けた。「未来が見えない」福島で、彼が守ろうとしたものは何だったのか。

【福島県富岡町】

原田　浩司

●共同通信カメラマン

「この人を知っていますか？」

講演など大勢の人の前で話す機会があるたびに、男の写真を見せてきた。

「…………」

答える人はなかった。名前など知らなくていい、せめて「福島」という言葉を聞きたかった。だが、いまだ出会ったことはない。

●海外報道では〝最後の男〟、国内では〝いない人〟

松村直登（54歳）。東京電力・福島第一原発事故の影響で、全住民が避難した警戒区域、福島県双葉郡富岡町に留まり、置き去りにされた動物の保護を続ける男だ。

海外では「ラストマン（最後の男）」として盛んに報道され知られた存在だが、国内では〝いない人〟として黙殺されているに等しかった。最初に報じたのは、アメリカのＡＰ通信。２０１１年8月、町内で偶然に出会ったという。この報道を受け、ロイター、ＡＦＰ、新華社、ＢＢＣ、ＣＮＮなど世界中のメディアが次々に警戒区域入りした。特集を組むメディアも多かった。一方、国内では雑誌による報道はあったものの、大手メディアの報道は12月の毎日新聞が初出。ただし、同紙の記事も警戒区域内ではなく、警戒区域外で面会して取材したものだった。

国内の大手メディアが、躊躇した理由はコンプライアンス（法令順守）につきる。災害対策基本法によって、設定

事故を起こした福島第一原発に向って石を投げる松村直登さん

された警戒区域に留まる人物は法律に違反しており、これを報じることはコンプライアンスの点から難しい。ましてや当局の許可なしに、警戒区域に入って取材活動することは言語道断というわけだ。さらに事故発生後、記者の安全を考慮して、「福島第一原発から◎◎㎞圏内には立ち入り禁止」という自主規制が各社にあった。それでも、個人の判断で警戒区域入りする記者も少なからずはいた。しかし、その結果、会社に処罰された者もいるようだ。

国内の大手メディアは、記者クラブに関して批判を受けるが、正確さでは海外の有力メディアにも決して劣らない。しかし、コンプライアンスが問われ、ましてや生命の危険を伴う取材となれば、たちまち尻込みする。それは、重要なニュースである場合が多いのだが……。

◇　◇　◇

震災から1年が過ぎようとしていた。松村は、世界中で知られているのに、国内ではインターネット上でしか知ることができない、幻のような存在であった。

●警戒区域の中で

震災1周年を前に、ようやく松村の取材を開始した。

警戒区域内で、一緒に被災者の留守宅を見回り、犬、猫、牛へ給餌する。移動するたびに、放射線の線量計が警告音を響かせるのが気に障った。また、一日に何度も繰り返される警察の職務質問が不愉快だった。その居丈高な態度に、彼は「(原発事故の発生時)真っ先に逃げた警察が!」と声を荒げた。当時、その一部始終を目撃していたのだ。警官たちは、バツが悪そうにパトカーへ戻っていった。しかし、それはまるで国内のメディアに向けられた非難のようにも聞こえた。

作業が終われば、日が沈み警戒区域には深い闇が訪れる。風で木々がざわめく他、音はない。ローソクの灯りで、一升瓶を傾ける。当初は不信感からか多くは語ってはくれなかったが、何度も杯を交わすうちに、やがて胸の内を吐露するようになった。

「俺は言っちまった。もう後にはひけねえ」

十数本の一升瓶が空になった頃、彼が語り始めた。犬猫の保護はともかく、牛の保護を始めるつもりはなかったとこぼした。牛の世話は、犬猫の比ではない重労働だ。日々の手伝いで、よく理解できるようになっていた。何よりも、彼がいわゆる〝動物愛護家〟でないことも。

◇　◇　◇

ある日、松村は無人であるはずの富岡町内の牛舎で、白い防護服姿の集団を見かけたという。それは、農林水産省の関係者だった。トレイに乗せられた十数本の注射器が目に入った瞬間、牛の殺処分と気付き、思わず叫んだ。

「俺が世話をする。だから殺さないでくれ」

食用ならばともかく、無益な殺生は嫌いだった。しばらくにらみ合い、やがて防護服の一団は立ち去った。ほっとしながらも、自分の言葉の重さにその夜は眠れなかったそうだ。

警戒区域には、牛舎から放たれた「放れ牛」が道路や田畑をさまよっている。松村は1人で、牛を囲いの中に集め飼育するようにした。牛を押さえ込み、軽トラで運ぶ作業で、身体には生傷が絶えない。それでも、「置き去りにされた牛たちは、餓死したりして十分に苦しんだ。さらに苦しめるのは人間のエゴだ」と繰り返した。

いずれは、食用として殺される運命にあったはずの牛たち。なぜ、彼はそれを守ろうとするのか、その気持ちが少しずつわかるようになった。彼は牛たちをも「仲間」と呼んでいた。同じ福島という場所で産まれ、過酷な体験を共有してきた仲間とみなしていたのだ。

●3・11の記念日

震災2周年の3月11日の前夜、やはり、僕らはローソクの灯りの下、杯を傾けていた。

「俺も福島も、未来が見えねえ」

松村はこぼした。東京電力への批判が繰り返された。酒が進むにつれ、いつしか「(原発に)石でも投げてやろうぜ」という話になった。3・11は鎮魂の日。だが、黙祷する被災者ばかりでなく、怒りを表明する被災者がいても良いではないかと思った。何よりも彼らしい。

翌日、軽トラックで原発のある大熊町に向かった。何度もパトカーの集団とすれ違った。3・11の警戒区域には、警察車両が目立った。なおも海岸付近を進むと、福島第一原発が目前に現れた。距離にして約1km少々。意外にも放射線量は、毎時1・5マイクロシーベルトだった。

「富岡町より低い」

松村は怒ったように呟いた。そして、無言で石を2度投げた。それは原発に届くはずもなく、すぐ手前の海に落ちた。巨大な原発とちっぽけな人間。でも、その姿を写真に撮りながら、彼が抵抗のシンボルであることを感じた。夕暮れ時が近かった。冷たい風が吹きつけてきた。しばらく、タバコをくゆらせながら、原発を見つめた。よく見れば、原発も津波に遭った2年前の姿のままだった。まだ、この未曾有の大災害には終わりが見えないのだ。

そしてこの月、富岡町は警戒区域解除となった。だが、今更の感もあるのか、やはり訪れるのは国内よりも海外のメディアが多い。いくつかのメディアでは、いまだに松村は〝いない人〟とされたままだ。

◇　◇　◇

今年の震災3周年は、一緒に杯を傾けることはない。松村は、富岡町を離れ欧州へ向かった。NGOの招待で、欧州議会にて福島の現状を報告する。PRには、「原発に石を投げる松村」の写真が使用された。人手も資金も不足に変わりないが、支援の輪は広がっている。何よりも、彼は一人でなくなった。ボランティアとして訪れた晃子さんと結婚。そして、昨年10月8日には、2300グラムの元気な男の子が誕生した。鼻息荒く、自慢げに赤ん坊の写真を見せてくれた。

「30年後、こいつが富岡町で暮らせればいいべー」

改めて思った、そして胸が熱くなった、この男はあきらめないのだ。なぜかおかしくなった。松村も、いつものようにカンラカンラと笑った。

原田浩司　はらだ・こうじ
1964年、福岡生まれ。共同通信カメラマン。雲仙・普賢岳災害、オウム真理教事件、パレスチナ、ルワンダ内戦など国内外で取材。ペルーの日本大使公邸人質事件「日本人人質の安否など公邸内写真」(1997年)、「アフガニスタンの首都カブール陥落」の写真(2002年)で、2度、新聞協会賞を受賞した。

【福島県】

矛盾する被曝労働の現実《リアリティ》
～作業員が抱く〝向こうで騒いでる〟脱原発運動への違和感

長岡 義幸
●インディペンデント記者

3・11以降、大きな盛り上がりを見せた反／脱原発運動。全国的にその運動の輪が広がって行く一方で、事故収束作業員たちは、我々の日常を取り戻すために被曝労働を強いられている現実がある。

原発の収束作業に従事した匿名の新人マンガ家が描いた「いちえふ　福島第一原子力発電所案内記」が『週刊モーニング』新人賞の大賞となり、２０１３年10月30日発売号に掲載されるや、物議を醸すこととなった。

収束作業を淡々と描いた作品なのだが、東京の反／脱原発デモを否定的に描いた場面があった。その後はじまった連載「福島第一原子力発電所労働記」では、「子どもを守れ」「再稼働反対」「全原発を廃炉にしろ」と訴える人々を〝向こうで騒いでる人達〟と評し、「中には収束しない方が自分達の主張に好都合ぐらいに考えてるような人もいるんじゃないか」と主人公が吐露する描写も出てきた。これらのストーリーに対して、原発反対運動にかかわる一部の人々の中に反感が広がったのである。

私には、違和感のない描写だった。原発作業員こそ、東京のホットスポットなどとは比較にならない危険な現場で働いているのに、都市では自らの安心・安全のみを求めるかのような主張が繰り返されていた。〝危険な原発〟を地方に押しやり、原発が爆発したら、がれきを都市に持ち込むなと、またまた地方に〝危険〟を押しつけようとした。事故前も事故後も、原子力を享受した都市住民の心根になんの変化もなかった。

とはいえ、私自身、亡父が原発作業員だったものの、現場の様子は側聞するだけだ。原発労働がいかなるものなのか、労働者は都市の原発反対運動をどう見ているのか――。

爆発した４号機の建屋の外側にクレーンで登り作業をする作業員。事故以前の作業とはまったく質が異なる（撮影：2012年10月12日、尾崎孝史提供）

福島に暮らし、収束作業に携わる人々に話を聞いた。

●劣悪な環境と労働条件で働く作業員達

原発事故によって作業員の労働環境は激変した。事故前は、安定的に原発を稼働するための日常的な保守・管理と原発を止めて点検を行う定期検査で回っていた。だが、いまや危急の収束作業と廃炉に向けた作業に取り組まざるを得ない。

保守点検作業に従事していた下請け業者は、「事故後、元請け経由で危険手当が出ていたのに、11年末の『事故収束』宣言後、カットされてしまった。その上、降りてくる賃金分まで減らされている」と語る。地元では日当１万５０００円ほどだったのが、事故後１万２０００円前後がスタンダードになったという。「使命感を持って働こうという人がいても、これでは人が集まらない」と嘆いた。

◇　◇　◇

より劣悪な条件で働く人もいる。幼少のころ旧警戒区域の町に暮らしていた50代の田中さん（仮名）は11年末、福島に舞い戻り、いわき市から原発に通い、収束作業に就いた。「故郷を何とかしなければという一心。20年以上前、福島第二原発の建設現場で働いたことがあったけど、以前のようなのどかさはなく、緊張しながらの仕事だった。でも、日当は９０００円しか出なかった」と言う。

体調を崩し、しばらく入院した後、除染作業に従事。相馬市に引っ越し、再び第一原発に向かった。だが、いったんいわき市寄りのＪヴィレッジを経由するため、通勤時間が１・５倍になった。アパートからの出勤時刻は早朝４時だったという。「体がきつかった。別の会社に移ったのに日当はやっぱり９０００円。志だけではどうにもならなかったね」と、田中さんは自嘲する。ほどなく仕事を辞めた。

◇　◇　◇

第一原発から十数㎞のところに暮らしていた50代の山田さん（仮名）は、原発で働きはじめて20年弱になる。

「震災に遭い、津波が来るというので、会社には『何もなかったら月曜日には出社しますから』といって急いで原発を出た。そしたら、原発は爆発してしまった」

自宅は、津波に襲われ、家族は裏山に逃げていた。避難所や親族の家を転々とした後、相馬市の借り上げ住宅に移り、仕事に復帰したのは11年5月になってからだ。そんな生活で体がなまり、とにかく仕事がしたかった。そんな時、会社から緊急作業に入ってくれと連絡があったんです」。通勤に使う国道6号線の途中、海側に折れれば、自宅がある。だが、警戒区域に指定されたことから〝帰宅〟はままならなかった。そんななかでの初出勤だ。

最初の仕事は、毎時2~3ミリシーベルトの高線量のなか、がれきをかき分けての配管修理。管を外す人、管を付け替える人、管を締め付ける人と作業を分担し、放射線から身を守る遮蔽板の裏に並んで「1番行ってきます」「2番行ってきます」と、5分交替の人海戦術で〝特攻〟した。「事前にモックアップ（模型）を使って作業の手順を覚えた。あの時は必死だった」と山田さんは振り返る。

●「どうして原発を東京につくらなかったんだ?」

そのころ私は、山田さんに連絡を取っていた。彼は「東京の者にいまさら原発をなくせと言われても、おめえらのためにつくったんだ、どうしてはじめから東京につくらなかったんだと言い返したくなる」と、電話口で感情を高ぶらせた。東京では反原発デモが活発化していた時期だ。

「あの時は、オレらが一生懸命事故を収束させようとしていたのに、そんなこととは関係なしに原発反対って叫ばれても、おめえらに言われたかないよと思った。原発をなくすのもいいけど、地元の人間は食っていかなければならない。でも農業だけでは食えないし、事故で農業もできない。じゃあどうすればいいんだ」

被曝線量は、外の作業が主だった1年目は年間40ミリシーベルト、構内作業に移ってからは10ミリ前後になった。現在の作業場は比較的汚染度の低い区域になる。「被曝線量はほとんどゼロ。外のほうが断然高い」と山田さんは苦笑する。しかし、事故以前とはケタ違いだ。

◇　◇　◇

横内さん（30代/仮名）は関西出身。12年にいわき市に居を移し、除染労働を経て、原発で働く。

「現場に行って衝撃を受けたのは、休憩所で疲れ切った人達がタイベックス（防護服）を着たまま、床に敷かれた銀マットの上で折り重なって横になっている姿を見た時。なかにはマットなしで、廊下に直に寝ている人もいた。それだけ過酷な現場なんです」

原発で収束作業にあたっている労働者は1日に3000人といわれる。その多くが地元出身だ。横内さんは仮設住宅から通う、第一原発の立地町である大熊や双葉、あるいは楢葉や原町、田村の人とも仲良くなったそうだ。

◇　◇　◇

以前から反原発運動に参加していた小橋さん（40代／仮名）は、震災直後から福島や宮城の被災地支援に取り組んだ。東京から郡山市に居を移し、福島県民となった。

「支援先で、福島の人から『自分たちは1F（福島第一原発）の電気さえ使っていなかったんだよ』と言われてガツンと来た。がれきの広域処理では都市の人間が反対した。自分さえよければいいと言ってるようなもの。倫理的におかしいと思った。東京に住んでいた者としての責任と、原発に反対していたのに事故を止められなかった贖罪意識から、収束のために働かなければと思ったんです」

原発で働くようになって、ますます矛盾を感じた。ネズミの侵入で仮設電源盤がショートし、燃料プールの冷却が一時止まってしまった事故があった時のことだ。

「東京からは、はやく直せ直せの大合唱。結局、特攻隊を組んで修復したけど、この作業員達は大量被曝をしてしまった。反原発の連中は、そういうことに無頓着。自分ではない、他の誰かにやらせるというのが地方に原発をつくらせたのに、何も変わっていなかった」

◇　◇　◇

被曝労働は、矛盾の固まりだ。被曝を厭わず、仕事に打ち込めば打ち込むほど、仕事に携わることのできる期間は短くなってしまう。それなのに、福島県の最低賃金スレスレの日給6000円で働いている人さえ現われているという。原発労働は生活不安と隣り合わせでもある。

労働者の相談に乗るいわき自由労働組合は、「子どもの父親を守れ！」というスローガンを掲げる。被曝労働に携わる子どもの父親を守れ、という意味だ。〝東京目線〟とは異なる圧倒的なリアリティがここにある。子どもや都市住民を守るのも大事なのかもしれないが、原発労働者の置かれた立場にこそ、目を向けなければならない。

（月刊「宝島」2014年1月号掲載記事を改稿）

長岡義幸　ながおか・よしゆき
1962年、福島県小高町（現・南相馬市）生まれ。ジャーナリスト。出版業界紙『新文化』（新文化通信社）記者を経て、フリーランス（インディペンデント）記者に。雑誌「創」、業界紙『文化通信』などで執筆。『マンガはなぜ規制されるのか』（平凡社）、『除染労働』（共著、三一書房）、ほか。

誰が福島第一原発収束作業員を守るのか
〜事故収束作業員達を支える家族の声

小原一真●フォトジャーナリスト

【福島県】

原発事故以降、事故現場の最前線で働く作業員達。廃炉までの長い作業は常に被曝をともなう。作業員、そしてその家族達は、どのように不安と向き合っているのだろうか。

東京電力・福島第一原子力発電所で働く作業員の家族に初めて会ったのは2011年の夏だった。原発作業員の日常を撮影させてもらう過程で、私は作業員の自宅を訪れた。

福島県内の山間の村で両親と暮らす男性は、父親の経営する工場で働いていたが、事故の起きた翌月には津波被災地域の復旧作業に従事するため、働いていた会社を辞職し、同年7月から福島第一原発で瓦礫撤去作業を始めた。週6日、片道2時間の道のりを放射能防護服姿で往復する彼にとって、事故後の福島第一が原発での初めての仕事だった。

1日の収束作業を終えた彼は、20時過ぎに帰宅し、23時には床についた。翌朝5時に起床すると防護服に身を包み、不安げな表情を浮かべる母親に見送られながら、福島第一原発へ向かう車へと乗り込んだ。男性を見送る母親の後ろ姿からは、「息子の職場」としての福島第一原発が垣間見えた。

当時25歳で独身だった彼だが、現在は二歳になる息子の父親として収束現場で働いている。福島県外に住む子どもに会いに行く車中、彼は父親として原発で働く想いを話してくれた。

「子どもが出来たのが、10マイクロシーベルト以上被曝してからだったので、生まれるまでは本当に心配でしたよ。どんなに出来の悪い子でもいいから、健康にさえ生まれてくれればそれだけでいいって思ってました。子どもが生まれてからは、結構、保守的になりましたけど、前よりも稼

福島第一原発へ向かう作業員。写真右奥は福島第一原発ゲート（撮影：2011年8月）

がなくちゃいけないから、そんなことも言ってられないですけど。でも、子どもが大きくなった時に、お父さんは国のために働いていたんだぞって言えるのは良いと思いますよ」

事故後に私が出会った作業員のうち、この3年の間に数人が父親となった。事故前から子どもを持つ作業員も多いが、被曝量の激増から、もう1人、子どもを作る事に頭を悩ませている父親もいる。

このレポートでは、福島第一原発で働く作業員の家族に焦点を当てたい。「息子」、「父」、「夫」が働く職場としての福島第一原発、「人が働く職場」としての福島第一原発からは、収束作業の工程表からは見えてこない福島第一原発事故の全く違う側面が見えてくる。収束作業とは、原発事故とは何なのか。家族の言葉に耳を傾けながら、改めて考えたい。

●「娘」　20代／旧警戒区域出身

私の父はずっと原発で働いていて、震災時は福島第二原発で働いていました。事故から少し経って、お父さんが福島第一原発に行くことになり、その時は、すごくすごく心配になりました。事故前までは、普通に「いってらっしゃい」って送り出してきたのに、急に不安になってしまって。事故があった直後は単純に原発を止めて欲しいと思いました。でも、私は今、大学に通っていて、学費もかかります。もし、お父さんが働いていなかったら、生活がすごく厳しいと思うので、そこに葛藤というか、矛盾を感じています。父が自宅で待機している時があったんですけど、そんな時は、お父さんの仕事がなくなったら生活が出来ないから、他の事なんて考えずに、原発なんか動けばいいのにと単純に思った事もありました。お父さんが原発で働いてくれたお金で、こうやって生活しているので、何も言えないというか、複雑な気持ちでずっといます。

お父さんの健康は心配です。でも、お父さんが逆に私達のことを心配していて。お父さんが原発での仕事をしているから、結婚が出来ないんじゃないかとか、子どもがちゃんと出来るのかって。それを聞いた時にすごく悲しくなったし、切ない気持ちになりました。結婚については、こういう状況を説明するのも大変だから、福島の人と結婚出来たらいいなって思います。自分のお父さんが原発作業員だということは他人にはすごく言いづらいです。両親のことを聞かれても、なるべく隠すようにしています。でも、言いづらいって言う事を父が聞いたら、悲しい想いをしちゃうだろうなって思います。避難してきた親と一緒に住んでいる事もとても言いづらいですね。

最近、自分はマイノリティーなんだなって思うようになりました。マイノリティーだから生きづらいんだろうなって。

●「父」　50代／福島県在住

息子の将来がどうなるのか複雑な想いだし、やっぱり福島第一原発の収束作業は、一部の人間だけでするんじゃなくて、日本全国から徴兵制のような形で出来たらいいんじゃないかと思う。日本全国から、交換交換で作業員を循環させられたら、息子1人の負担が減るわけだからね。その方が良いと思う。

（※東電発表によると、事故以降、福島第一原発で収束作業に従事した作業員の5割から7割が地元福島県出身者）

●「妻」　20代／都内在住

最初、福島第一原発での仕事の話を聞いたとき、私は行かないで欲しいっていう気持ちが強くて、そう言ってました。でも、色々話を聞いていくと、募集をかけても行きたいっていう人がいないんですよね。彼が仕事の立場上、自分達が行かないと下の人がついて来ないから、行かなきゃいけないんだよ、って。そう言われて、だったらそれは引き止められない、行った方がいいんだろうなって。

健康については、これからどうなるのか不安だし、自分より先に若いうちに死んじゃったら不安だなって考えた事もあります。子ども1人だと可哀想だから、いつか兄弟も欲しいなって思いますけど、次、子どもを作れるのかなって。

●「息子」　10代／旧警戒区域出身

私は大人になっても責任を押しつけあう人にはなりたくない。たしかに、事故を起こした東電も悪い。だけど、政治も悪いし、町も悪いし、それを悪く言う人も皆、悪いんです。全員が悪いのに、それを誰かに自分が悪いって言われるのが嫌だから、絶対に押しつけようとする。それがない大人になりたい。

皆、福島第一原発を悪く言い過ぎる。なんでもかんでも、そこに押し付けようとする。それだけは、どうにかして、無くしていかなければいかない。今の大人はそれで良いかもしれないけど、それを正しいと思った子どもが、それを信じて、ずっとその精神が続いたら、福島は一生復興しないって思うんです。

◇　◇　◇

収束作業とは、汚染水漏れが改善され、燃料デブリ（原子炉の燃料と被覆管などが一旦溶融し、再び固まったもの）が取り出されれば終わりという類のものではない。家族の言葉には、それだけでは終わるわけのない、不安や憤りが込められている。事故以降、「汚染水漏れ」や「搾取」、「ピンハネ」などの言葉が、多くの場面で使用されてきた。しかし、それらの言葉が、本当の重みを持って語られたことがどれだけあったのだろうか。

ボロボロになった福島第一原発は、鉄筋によってのみ支えられているのではない。それを支える人間によってぎりぎりの所で保たれている。その作業によって守られている私達は、彼らやその家族を支える役割を、どれだけ果たせているのだろうか。そして、まだ生まれてもいない未来の作業員達にどれだけの環境を残せるのだろうか。

小原一真　おばら・かずま
1985年、岩手県生まれ。大学卒業後、金融機関で働く傍ら、DAYS JAPANフォトジャーナリスト学校にて学ぶ。2011年、東日本大震災直後に会社を退職し、同年3月16日から現地での取材を開始。同年8月から始まった福島第一原発での取材が、ヨーロッパ各国の新聞、テレビに掲載。2012年3月10日、スイスのラースミュラーパブリッシャーズより、東日本大震災、福島第一原発事故の取材をまとめた「Reset Beyond Fukushima- 福島の彼方に」を出版。

出口なき都市部の住宅除染
～福島県内の広域NIMBY(ノット・イン・マイ・バック・ヤード)

藍原　寛子●ジャーナリスト

【福島県福島市】

福島県内各地で進む「除染」作業だが、その順番や放射性ごみの貯蔵施設をめぐり課題が山積している。前例のない事態に自治体も手さぐりだ。

震災後3年を迎え、福島県内各地で、農地や山林、住宅などの放射性物質を取り除く「除染」作業が急ピッチで進められている。2011年夏までは、市民ボランティアや行政の独自の判断で生活圏域を中心に進められた除染は、2011年8月、原子力災害特措法での「除染に関する緊急実施基本方針」と各市町村の「除染実施ガイドライン」「放射性物質汚染対策特措法」により、除染方針が定められ、財源も確保(震災復興予算)された事で本格化した。放射線量が高い旧警戒区域は国直轄、それ以外の汚染地域の36市町村は各市町村が実施している(ほぼ全額、国の予算)。

福島県民にとっては日常生活上の大きな問題ながら、福島県以外の人たちには実感の薄い除染問題。しかし、被ばく防護を巡る住民自治の点から、大きな分岐点を迎えているとみる事もできる。

●違う方向に走り出した除染政策——「住宅除染」への集約

2013年11月下旬から年末にかけて、東京電力・福島第一原発から北西に約60㎞離れた福島県の県庁所在地、人口約28万人の福島市内の住宅では、次々に「除染中」の看板が立ち並び、一斉に住宅除染が開始された。

11月17日に行われた市長選で、「変えよう　福島」と〝打倒・現職〟を旗印に闘った新顔の小林香氏が、4期目を狙う現職瀬戸孝則氏にダブルスコア以上の大差をつけて当選

除染が行われた民家。福島市では足場を組むが、他市では組まないところも。自治体により労働安全の基準が異なる

したばかり。大手メディアはその結果を、「除染の遅れ」の不満が新人大量得票になって現れたと報道した。福島市同様に、現職落選ドミノが起きた郡山、二本松などでも除染を加速している。

「私たちが当初考えていたのとは違う方向に、選挙後、除染が行ってしまっている」

そう話すのは、震災直後の2011年4月から、福島市渡利、御山地区など、市内でも子どもが多く住む住宅街でのホットスポット（局地的に放射線量の高い場所）の可視化と対策を訴え、福島大、京都精華大、立命館大などの教員や地域のお母さんたちのグループと、草の根で市内の放射線の測定活動をしてきた同市の深田和秀さん。

「私たちは子どもの生活空間のホットスポットをまず問題にし、行政には、学校、公共施設、そして通学路の測定を行い、市民への周知を求めてきました。除染後に再び汚染する『再汚染』を防ぐために、山林や里山など〝風上〟を最初に行い、のちに住宅などの〝風下〟の除染を考えていました。でもいまは汚染物質をまとめただけの『移染』。学校や公共施設は除染されましたが、線量が高かった通学路や風上部分は除染が進んでいません。一方で、市内全域で住宅の除染が急ピッチで進められているのです」

除染による線量の低減効果を認めつつも、市民、とりわけ母親らが求めたものとは違った姿になった。

「それに都市部の住民には、除染で出た廃棄物の行き先への意識の薄さもあり、仮置き場や中間貯蔵施設、また減容焼却施設の議論も少ない。本来は原因者である東電が責任を取るべきだが、この除染について、何ら絡んでいないのも、深刻な問題」

住民に丸投げされた除染の問題を指摘する。

福島市や飯舘村、郡山市で住宅や農地の除染実証試験を行っている福島市の荘司信行さんは、「（放射能汚染前の）

元の環境に戻す」「年間被ばく量1ミリシーベルト」という基準を守るという意味で、除染の有効性を認めつつ、「現在のゼネコン除染は間違い。震災や原発事故が住民自治の問題や社会のあり方を見直すための重要な機会になっていない。市民も口を開けて除染を待っている」。住民主体の除染とは、だいぶかけ離れているという。

●行政の悩み――地元自治体に裁量のない事業

「除染は、仮置き場の問題も含めて市民と協働でなければ進められない事業。私たち自身も、そして過去の行政施策でも行われた事のない事業。勉強しながらやっている、というのが現状です」

福島市の除染推進課の遠藤徳良副主幹、除染企画課の阿部和徳副主幹は、行政としての課題を吐露した。

福島市の除染対象の民家は9万5000世帯。小林市長は2月、日本記者クラブで会見し、このうち3割が除染を終えたと発表した。昨年末の作業ピーク時で除染作業員は最高で一日約4000人がフル稼働し、一軒一軒の除染を行っている。

課題はいくつもある。一つは出口のない大量の除染の放射性ごみ。処分場が決まらないのだ。ごみ置き場が決まらないまま市の住宅除染が行われたため、一時的に自宅の庭に埋めている家庭も多い。市内8か所は仮置き場が決まったが、実際にはこの倍以上が必要だ。さらにその先の行き場として国は放射線が高いために帰還の目途が立たない大熊、双葉両町に中間貯蔵施設の建設を予定しているが、当然ながら両町の住民からは「中間ではなく、最終処分場になるのではないか」と不安の声もある。さらに、減容焼却施設は「放射性物質の拡散」との批判もある。

仮置き場問題は当然、施設の必要性を認めつつも身近な場所に建設してほしくないという「NIMBY（Not In My Back Yard）」問題となる。市は町内会長、PTA、地元事業者、市議らによる「地域除染等対策協議会」で各地区ごとに議論し、設置を決めてもらうようにした。さらには、作業員の確保と除染の質の担保といった課題。これに対して市は手順書の作成と除染監理員550人による作業内容の確認を進めている。

しかし最後まで疑問が残る。「本当に住民が望む除染になっているのか？」

遠藤、阿部両副主幹は言う。

「除染は特措法で国の法定受託事務になっていて、本来は国や東電がやるべきところを市町村が代わりに行うもので、

手作業で屋根を拭く作業員。「民家の除染は特に気を遣う」

裁量の余地がないという性質のもの。だからといって責任を持たないという事ではない。ただ、もっと地元自治体の裁量があってもいいのではないか」

　丸投げの除染によって国に使われる地方自治体。そんな姿も見えてくる。

●やめられない除染の問題

「市民からは『今すぐ除染してくれ』という要望は、今はほとんどありません。市の放射能測定器を借りに来る市民も減りました。今の市民の本音は『安全だと思っているけど、国から予算が来るなら除染してもらおうか』と言ったところでは。しかし一方で、市民の目を除染に向けさせる事で、国の縦割り組織の問題や、高齢者対策、健康対策への無策から目をそらせてしまう事につながっているように思う」

　福島市の北隣、伊達市市民生活部理事・放射能対策政策監の半沢隆宏さんは、ストレートな表現で市民の心境を〝代弁〟した。

　伊達市は県内でも多くの仮置き場を地域で設置し、除染を進めた自治体として注目された。「最初の数か所の仮置き場を設置する際、市民の議論は、『除染で線量を下げるんだ』という切迫感があった。しかし現在は、線量が下がってきた事や、仮置き場の賃借料収入など、さまざまな思惑が絡んで、以前の切迫感は薄れてしまった」という。

「除染の最大の課題は、『必要のない除染をやめられるのか』『いつ除染をやめるのか』という事。不必要な除染をやめても自治体にインセンティブはなく、結局、自治体が国から予算を獲得するために除染を続けるという低レベルの問題になってしまっているのです」

藍原寛子　あいはら・ひろこ
福島県福島市生まれ。「福島民友」取材記者兼デスクをした後、フリーランスのジャーナリストとして活動。現在、ビデオニュース「福島報告」、ビッグイシュー日本版「被災地から」、復興アリーナ、日経ビジネスオンライン「フクシマの視点」などで被災地の現状を取材、報道している。

放射性物質と風評被害に立ち向かう生産者達

【福島県福島市／郡山市】

原発事故直後、全国のスーパーや小売店から消えた「福島産」。だが、受け継ぎ、愛してきた農業を守るため、福島の生産者達は諦めることなく、挑戦を続けている。

粥川 準二 ●ライター

福島県の生産者達が、自分達の農作物に含まれる放射性物質や、それにかかわる「風評被害」に怯えてきたとしてもおかしくない。しかし筆者が福島県で会った生産者達は、それらに怯えている様子はあまりなく、むしろ正面から立ち向かう態度を保ち続けている。震災直後、彼らが家族の安全確認の次に始めたことは、勉強と情報収集、そして自分達がつくった作物に含まれる放射性物質を測定し、その結果を開示することだった。

●ありのままをすべてを伝える

福島市笹木野でナシを生産している「阿部農園」の阿部良造さん・一子《いちこ》さん夫妻は、農業を始めて20年目に震災に遭った。

福島市各地で高い空間放射線量が検出されたが、「何世代にも渡って受け継がれ、消費者の方とも手を結んで育ててきた畑です。放射能が降り注いだからといって、簡単に諦めることはできませんでした」と一子さんは言う。

２０１１年も、夫妻は例年通り4月の終わりからナシの受粉作業を開始した。5月29日にまだ小さな実の放射性物質を測定に出したところ、1キログラム当たり約２００ベクレルという結果が出た（当時の暫定基準値は５００ベクレル）。そして8月、収穫したナシを測定に出すと、その数値は約10～28ベクレルに落ちた。暫定基準値よりも、現在の基準値（１００ベクレル）よりもはるかに低い数字だ。

「果樹園モデル除染」実施中の阿部農園と阿部一子さん

しかし阿部夫妻は出荷していいかどうか悩んだ。
結局、一子さんはありのままますべてを、毎年ナシを買ってくれる人達に送り続けている『阿部農園だより』に書いた。すると、いつもは親族の分まで何箱も買ってくれる人が1箱しか買ってくれないというようなことはあったものの、応援する意味で宣伝してくれる人も多く、新しいお客さんも増えたという。
2012年1月中旬から2月末にかけて、阿部夫妻は震災後2度目の収穫に備えて、いわゆる除染作業として果樹の皮を削り取る「粗皮《そひ》削り」を行った。ナシの木1本の皮を夫妻で削るのに2時間かかる。農園のナシの木は400本。阿部夫妻は、友人達の手助けも得て、すべての木に粗皮削りを行った。終了後、農園の空間線量はぐっと下がった。同年9月、収穫したナシを測定に出したところ、2種類のセシウムを合わせても6ベクレルにも満たなかった。
2013年には、阿部農園は環境省の「果樹園モデル除染」の対象となった。数か月かけて農園の表土を5センチ削り、土嚢袋に入れて1か所にまとめ、代わりに山から持ってきた土を敷き詰めた。除染前には1時間当たり0・7~0・8マイクロシーベルトだった空間線量は、除染後には0・1~0・2マイクロシーベルトにまで低下した。

阿部夫妻は土が変わることによって甘みなどナシの味が落ちることを心配したが、収穫のとき、それが杞憂だったとわかった。筆者も同年9月に「幸水」を1箱送ってもらったが、とてもおいしかった。検出された放射性物質はわずか0・83ベクレル。いわゆる検出下限値は0・4ベクレル。簡易な検査法では間違いなく「不検出」とされる数値だ。

一子さんはナシに添えた手紙で「小さな地震がひん発していて、大雨が降ったり汚染水が流れ出していたりと不安材料ばかり」と書いてはいるものの、「去年よりも大変だった今年は梨を手にすると涙がこぼれそうになります。無事に実ってくれた梨に感謝します」とも述べている。

●食べたくなるものをつくる

郡山市熱海町でコメなどをつくる農家で、「野菜ソムリエ」でもある藤田浩志《こうし》さんもまた、原発事故に直面してもなお農業を続けようとすぐに決意した1人だ。震災直後には「今年はつくれないかもしれない」とも考えたが、「とりあえず準備しておこう」と決めた。

農作物の自粛要請が出されている間、郡山産のブランド野菜づくりに取り組む農家グループ「あおむしくらぶ」の会合で対応を話し合ったとき、結局、自分達がこれまでやってきたことを続けていこう、と合意したという。「できるかどうかはわかりませんでしたが。私は人にめぐまれていたんだと思います」と藤田さんは振り返る。

藤田さん達は専門家を招いて勉強会を開くなどして、情報を集め、知識を蓄積していった。「いちばん気になったのは〝移行係数〟でしたね」と、藤田さんの師匠であり、大槻町にある直売所経営者でもある鈴木光一さんが言う。土壌に放射性物質が大量に降りそそいだとしても、それらがすべて作物に移行するわけではない。土壌中の放射性物質の濃度に対する作物中の濃度の割合を「移行係数」という。当時、知見はチェルノブイリのものしかなかったが、作物によって異なるものの、おおむね低いだろうと推測した。

「とはいえ、実際に測ってみないとわからないということで、当初は1検体2万円もする検査を自腹で実施したりしました」（藤田さん）

ガラス張りの「放射能分析センター」と藤田浩志さん

藤田さんも鈴木さんも、これまでかなりたくさんの作物を測定に出したが、すべて「不検出」だ。

たまたま筆者が藤田さんを訪ねた日には、サツマイモの検査結果が届いていた。データを見せてもらったところ、下限値10ベクレルで「不検出」。藤田さんがこのサツマイモの検査を依頼したのは、郡山市喜久田の直売所「ベレッシュ」が運営する放射能分析センターだ。店内に設置されたセンターはガラス張りで、検査の様子を誰でも見ることができる。「店では下限値20ベクレルで測って、不検出のものしか置いていません」とベレッシュ代表取締役の武田博志さんは言う。売り上げも好調のようだ。

とはいえ、いわゆる風評被害がなかったわけではない。藤田さんは、安全とはわかっていても受け入れられない親御さんもいる、という理由で、給食用野菜をつくる仕事がなくなったという。鈴木さんは、直売するコメの量が4分の1ぐらいになってしまい、「いまでも戻っていない」と言う。

しかしながら、藤田さんも鈴木さんも（武田さんも、前述の阿部夫妻も）そうした「風評被害」に打ちのめされているわけではない。

彼らがやっていることは、1つは放射性物質の測定結果など科学的なデータを確認してそれをオープンにすること。そしてもう1つは、これまで通り「食べたくなるものをつくること」（鈴木さん）である。

「もともとやらなくてはならなかったことなんです。原発事故でお尻に火がついた、ということです」（藤田さん）

藤田さん達は「あぐり市」というイベントを定期的に開催するなどして、自分達の開発した「ブランド野菜」の普及に努めている。筆者があぐり市を訪ねた日には、2つのブランド野菜の名前が発表された。その1つ「紅御前」というニンジンを購入して食べてみると、その甘さに驚愕した。

藤田さんは農業全般を「ゆでガエル」にたとえてこう話す。

「放っておけば、このまま衰退していくだけ。福島の場合、釜の温度がいきなり上がってしまったのですよ。でも、カエルはジャンプできるのです。震災をきっかけに、いままで解決したくてもできなかったことを、いっきにやってしまおうと思っています」

では、福島県民でも生産者でもない僕たちがすべきことは？

粥川 準二 かゆかわ・じゅんじ
1969年、愛知県生まれ。ライター・編集者・翻訳者。「ジャーナリスト」と呼ばれることもある。国士舘大学、明治学院大学、東京海洋大学非常勤講師。著書に『バイオ化する社会』（青土社）など。博士（社会学）。

現在進行形で続く原発事故の行方
～事故収束の進行度合い

【福島県双葉町／大熊町／富岡町／楢葉町】

「汚染水の問題は完全にコントロールされている」と、世界に胸を張った安倍首相だが、現場の実態はどうなのか？　福島第一原発内部の取材報告。

村上和巳
●ジャーナリスト

●初めて訪れた原発の施設

波一つ立っていない真っ青なプールの水中には車輪を横倒ししたような不思議な穴がポッカリと口を広げていた。何も知らずにその拡大写真だけを見れば、高級リゾートホテルのプライベートプールかと勘違いする人もいるかもしれないと思えるほど。私は率直に「美しい」と思った。真下に原子炉があるにもかかわらず。

２０１２年10月、東京電力は、福島県富岡町・楢葉町にまたがる福島第二原子力発電所のマスコミ公開を行った。4号機の原子炉圧力容器内にあった燃料集合体を、取り出して使用済み燃料プールで一括して冷却し、管理を簡素化する作業に着手するため、その進捗状況をメディアを通じて国民に伝えるためだ。これを取材するため、私は生まれて初めて原発内部に足を踏み入れた。

しかし、「美しい」と感じるその場に入るまでには驚くほどの手間暇を要した。同原発事務本館から1～4号機の建屋エリアの入域棟で金属探知機、カード式二重扉セキュリティゲートを抜け、4号機建屋入口でも再び二重扉を通過。建屋内部では下着1枚になり、備え付けのスウェット上下、靴下、綿手袋を着用し、靴下はズボンの裾を覆い込むように履く。しかも、それで終わりではなく、さらに放射性物質付着の可能性が高いエリアに入るために必要な赤のカバーオール、新たな靴下とゴム手袋を重ね、赤のゴム

使用済み燃料棒取り出し前に公開された４号機使用済み燃料プール

靴とヘルメットも付けてようやく装備完了だった。

そこまでして入った最深部の公開はわずか20分で終了。退出時にはカバーオールの外側表面を内側に巻き込むようにして脱ぎ、放射線管理区域の境界で足を片足ずつ上げ、一番外側の靴下を空中で脱ぎながら管理区域外の床に足を降ろすという大道芸人の前座芸のような事までしなければならなかった。

最新鋭の科学技術の粋である原発とアナログな防護動作のアンバランスは、もともと原発についてノンポリだった私が、クリーンで安価なエネルギーという謳い文句に疑問を感じさせるに十分だった。

●異星人達が行き交う過酷な現場

東日本大震災以降、最も直に見てみたかった福島第一原子力発電所の構内にようやく入れたのは、２０１３年3月の報道公開の時だった。史上稀に見る過酷事故を起こしたという事もあり、福島第二原発よりも装備は厳重さを増し、カーバーオールに代わりタイベックと呼ばれる防護服を着用し、手袋は三重、顔には全面マスクというものだ。

東電の担当者が案内するマイクロバスで事故を起こした１～４号機の原子炉建屋が立ち並ぶ海側の道路を走ると、

今でも津波来襲時に流されたトラックが横転していた。既に震災から2年もたっているのにだ。この場所が、津波被災地である事を改めて実感した。持参した簡易式の空間線量計は警報音設定を毎時100マイクロシーベルトという東京都内の空間線量の1200倍超に設定していたが、2号機を過ぎて3号機に近づくころ、けたたましく鳴りはじめた。

建屋群の山側に到着し、バスを降ろされたのは水素爆発を起こした3、4号機の建屋前。水素爆発が最も激しかったと言われる3号機の上部は不自然に曲がった建屋の鉄筋が折り重なり、4号機も4階部分は外壁が崩れ、やはり一部鉄筋がむき出しのまま。その周囲を自分と同じ防護服、全面マスク姿の作業員が歩き回っていた。自分も同じ格好をしながら、異星人が活動する地球外空間のようにすら思える光景だった。

この時、公開されたものの1つが汚染水貯蔵タンクエリアである。原子炉3基がメルトダウンした同原発では、溶け落ちた核燃料冷却のため、現在も原子炉への注水が続く。だが、水素爆発などで損傷した原子炉格納容器からは冷却水が漏れ、高濃度の放射能を含んだまま隣接するタービン建屋などの地下に汚染水としてたまっている。

東電はこの水をポンプで汲み上げ、セシウムなどを除去して再び原子炉冷却に使う「循環注水冷却」を実施中だが、この過程で循環注水冷却に使用できない、除去不能な猛毒のプルトニウムなどの放射性物質を含む濃縮塩水などが発生する。これが貯蔵タンクに保管されていた。

タンクエリアにはグレーのまるで巨象のような1000tタンクを中心に合計900個以上の貯水タンクがずらりと立ち並び、周囲には赤や黒の仮設配管が蛇のようにはいずりまわる。当時の汚染水貯蔵量は約26万t。β線を中心に汚染水に含まれている放射線レベル総量はベクレル換算ならば兆単位にも及んでいた。その途方もない危険物を、組立式タンクと複雑に張り巡らした仮設設備で管理する事を当時ですら危うく感じていたが、その危惧は5か月後にタンクの1つから300トンもの汚染水が漏出する事で現実になってしまった。

●事故の収束作業はいつ終わりが見えるのか

13年11月の報道公開で再び第一原発入りした際には、水素爆発を起こした4号機の使用済み燃料プールが公開された。同プールには、同原発最大の1533本（新燃料200本を含む）の燃料棒が格納されており、これを移送し安全な管理下に置く作業が開始される直前だった。

4号機建屋は、3月時は建屋脇で使用済み燃料取り出し用の建屋カバーが建設中だったが、半年が過ぎたこの時は既に完成しており、カバーに覆われる形で4階の外壁損傷も姿を消して外観上は事故の形跡すらうかがえなかった。

そして案内された5階のオペレーティングフロアにある使用済み燃料プールの水は透明度も高く、プール上部には新たな燃料取扱機が設置されているなど、福島第二原発4号機のオペレーティングフロアの状態に近く、表面上は爆発の影響を見つける事はほとんどできなかった。

ところが、ズームレンズでプール内を覗くと、燃料棒が納められたラックには細片、粉塵レベルのがれきらしきものが視認でき、持ち込んだ線量計が示すフロアの線量は毎時20~40マイクロシーベルトと決して低くはない。さらに、空間線量が未だ数百ミリシーベルを超え、無人重機でしかがれき撤去作業ができない3号機方向に近づくと、線量は毎時80マイクロシーベルトを超えてしまった。

現在、その4号機では既に使用済み燃料の取り出しが始まっている。2014年2月24日時点で、374本の取り出しが終了しており、2014年末までに取り出しは完了する予定だ。

しかし、4号機の燃料取り出しが終了し、原子炉そのものの解体に移行できたとしてもそこから先は不透明で、廃炉に何年かかるかわからない。

3号機は前述のように線量が高く、がれきを除去したとしても使用済み燃料プール内の燃料取り出し作業を4号機のように実行できるかが疑問視されている。もちろんその後には3号機格納容器内の溶け落ちた核燃料取り出しという、史上例のない困難な作業が待ち受けている。1、2号機に至っては現時点で使用済み燃料プールの燃料取り出しすらめどが立たない。40年と予定されている廃炉作業は、まだまだ一寸先は闇状態なのである。

◇　◇　◇

東京電力は、1年に2~3回、福島第一原発に関して、我々フリーランスを含めたマスコミ公開取材を実施している。我々が原発構内を取材するたびに、新たな進展とともに新たな課題が見えてくる。しかし、こうした公開取材への関心は、徐々に低くなっていると実感する。メディアの記者達はもちろん、市民も事故収束を見つめ続けなければならない。

原発事故は、まだ終わっていないのだ。

原発を作ったメーカーの責任を問う
～困難な訴訟に挑戦する〝ロックな弁護士〟と〝常識に囚われない男〟

太田伸幸●編集者

2014年1月30日、国内はもとより世界でも初めてとなる、原発メーカーに対する訴訟が、東京地裁に提訴された。原発事故における、メーカーの責任免除の壁に挑む原告と弁護団の挑戦が始まる。

2013年12月7日、特定秘密保護法が国会で強行採決された翌日、東京・渋谷で「大デモ」が行われた。デモを呼びかけたのは三宅洋平。2013年の参院選挙に立候補。街頭でミュージシャン達が続々と演奏するなかで政策を訴える〝選挙フェス〟という独特の選挙運動を展開し、落選しながらも17万票もの票を得て注目を集めた。そんな彼が呼びかけた「大デモ」には、若者を中心に5000人を超える参加者が集まり、2012年に「紫陽花革命」とまで言われた脱原発官邸前デモに代表される市民による直接行動が、新しい世代の日常になりつつある事を感じさせた。

デモ行進の解散地点である代々木公園には、たくさんの出展ブースがならび、様々なパフォーマンスが繰り広げられていたが、その一角でギターを手に歌い、「原発メーカー訴訟」への賛同を呼びかけていたのが、同訴訟の弁護団長、島昭宏である。

◇　◇　◇

「原発メーカー訴訟」とは、東京電力・福島第一原発の事故により「精神的な苦痛を受けた」として、同原発を製造した米ゼネラル・エレクトリック（GE）日本法人と、日立、東芝の3社を相手に、一人あたり100円の賠償を求めたもの。NPO法人「NNAA」（アジア非核行動）を中心に結成された「原発メーカー訴訟の会」が呼びかけ、2014年1月30日に提出された訴状では、福島県内の住民38名を含む、国内外約1400人が原告として名を連ねている。

島は、40歳を過ぎてロースクールに入学し、弁護士になって4年目。「ロック弁護士」を自認し、現在も時折りライブハウスのステージに立ちつつ、いま、22人の弁護団を率いて法律の壁に挑もうとしている。

●時代の常識は変わる、変えられる！

集団訴訟のきっかけになったのは、ある環境団体ネットワークで、会員同士が電子メールによる意見交換をしていた際に寄せられた質問だった。

「原発事故の賠償は全て東電が行っていますが、どうして原発メーカーは責任を問われないのでしょうか？」

疑問を投げかけたのは、現在、「原発メーカー訴訟の会」事務局長を務める崔勝久《チェスング》。2012年、夏の事だった。

以前から環境訴訟の弁護団に加わり、このグループにも参加していた新人弁護士の島は、単純に法律家の立場から「原子力損害賠償法（原賠法）の規定でメーカーは免責され、賠償責任は東電などの電力事業者が負う」と回答。ところが、崔はこれに納得しなかった。

「法律的には確かにそうかもしれない。だとしたら法律の方が間違っていると思うのです。世の中で一番危険な物を作っているメーカーが責任を問われず、今また原発を外国に輸出しようとさえしている。これはおかしい」

崔には「常識は変わる、変えられる」という信念があった。その原点には40年ほど前、まだ彼が学生時代に関わった「日立就職差別闘争」があるという。1970年、日立ソフトウェアの在日韓国人、朴鍾碩《パクチョンソク》氏に対する採用取り消しに端を発するこの闘いは、朴正熙政権下の韓国全土にも波及。3年半に及ぶ戦いの末、解雇無効を含む全面勝利を勝ち取った。闘争の詳細は省くが、自らも在日コリアンとしてその渦中にいた崔にとって、それはまさに「常識が変わった」瞬間だったという。

「それまで、在日コリアンは就職できなくても当たり前だと思っていた。日本人と同じように税金を払っていても児

1月30日、訴状を提出後に原告と弁護団が記者会見を行った

今年開催された「東日本大震災市民のつどい～Peace On Earth」のステージで、坂本龍一氏、飯田哲也氏らを前に、原発メーカー訴訟の意義を訴える島弁護団長（舞台上、右端。撮影：2014年3月9日、日比谷公園）

童手当が支給されなかったり、公営住宅に入れないのは法律にそう書いてあるから仕方ないと諦めていた。その意識がこの闘争を通じて変わったのです」

崔はこの訴訟が決まって以降、「国際連帯」を実現するため、韓国、台湾、インドネシア、フィリピン、ヨーロッパと、原告・賛同者を募るツアーを敢行。現地のキリスト教団体などの協力を得て、海外からの多数の原告の合流につなげている。

●そりゃ無理だよ……で本気になる

協力を要請された弁護士の島は最初、この訴訟に乗り気ではなかったと言う。「原発関係の（差し止め）訴訟などはほとんど原告が敗訴している状況で、そもそも原賠法がある以上、メーカーに責任を問うのは難しいだろう、と。だから最初は原発訴訟を担ってきたベテランの弁護士たちに相談してみたんです」

彼らの答えは決まって「そりゃ無理だね」だった。が、それが逆に「ロック弁護士」島の反骨精神に火をつけた。

「やる気になったのはそれからですね。まだ弁護士になって日の浅い仲間とか、『弁護団なんてオレには縁がないね～』と思っているような、経験のない連中に声をかけた。『弁護団、楽しいぜ～』って（笑）」

島たち弁護団が武器にするのは「憲法」であり、「普通の市民感覚」である。製造物責任法（PL法）によって製造物に対するメーカーの責任が厳しく決められているにもかかわらず、原発メーカーだけには適用されないという「不思議」。訴訟の対象にさえならないという「不平等」。その下で原発メーカーは何ら痛痒を感じる事なく原発を海外輸出しようとする「理不尽」。

「原発事故によるとてつもない賠償金はどこから出ているかと言えば、結局、電気料金であり、東電をつぶさないために注入される『税金』です。負担しているのは国民ですよ」（島弁護士）

そして驚く事に、このシステムはほとんど世界中、全ての原発立地国に共通している。

「原発輸出を推進してきた英米は、その際に自らの安全を担保したかったのでしょう。何か事故があった時に、メーカーに責任が及ぶとなれば、安心して原子炉を製造したり、他国に輸出する事などできない。それが原発です」と、島。

彼の熱意に動かされ、その後、河合弘之や海渡雄一といった、これまで多くの原発訴訟を手掛けてきた「大物」弁護士も合流し、弁護団の所帯は22名に膨らんだ。

●裁判をわかりやすく伝えたい

腹は決まった。原告、弁護団はこの訴訟を日本のみならず、世界的な「原発体制」を崩す、大きな運動の一環だと位置付けている。

主旨に賛同する環境団体や市民運動グループと、個人、元原発メーカーの技術者の他、島の人脈から、三宅洋平をはじめ、宙也(ロック歌手)、MAGUMI(LA-PPISCH)、TOSHI-LOW(BRAHMAN)、難波彰浩(Hi-STANDARD)など、多彩なミュージシャンが呼びかけ人に名を連ねているのがユニークだ。

◇　◇　◇

2月17日、東京都杉並区高円寺のカフェ「Dogberry」で行われた、同訴訟の説明会では、島をはじめ、訴状の制作を担当した、伊倉秀和、寺田伸子、吉田理人、片口浩子、岩永和大ら、各弁護士が集まり、それぞれの担当項目を解説した。

年齢は様々だが、法律家としてフレッシュな感性で巨大な壁に立ち向かう彼らの姿は、この困難な訴訟をこじ開ける未知数の可能性を感じさせる。

詳しく説明する紙数はないが、弁護団は原賠法の違憲性を問う主張以外に、「原賠法五条に基づく代位求償」によるメーカーの賠償責任、つまり、原賠法が違憲無効とまでいえない場合でも、原発メーカーの「故意」(法律用語で『損害の発生を認識しつつそれを認容するような心理状態』という意味)があれば電力事業者がメーカーに求償(賠償を要求)できるという法理論を展開している部分などにも、その感性が十分表れている。極めて柔軟な発想なのだ。

「三宅洋平君が〝選挙フェス〟を通じて、若者にとって選挙を身近なものにしたように、自分もこの訴訟を通じて『裁判』を身近でわかりやすいものにしたい」島は語る。

果たして原発メーカーの責任は問われるのか……展開が注目される。(文中敬称略)

記者会見から見える東電の企業体質
〜事故の加害者という立場に立ち積極的な情報提供を求める

村上 和巳 ●ジャーナリスト

【東京都千代田区】

福島第一原子力発電所の事故による避難者は、現在も10万人を超え、汚染水問題も解決の道筋が見えない。その責任を負うべき東京電力の体質を記者会見に見る。

震災以来、とにかくストレスがたまる取材現場が1か所だけある。福島第一原発事故を起こした東京電力の本店（東京都千代田区）で行われている定例会見だ。私が会見に参加するようになったのは、2012年6月からだが、当時の会見は平日の夕方に週5回、2013年からは月、水、金の週3回となっている。

会見では福島第一原発の事故収束作業について説明するため、一般人なら一生に一度も耳にしないだろう珍妙な用語が頻出するのだが、ストレスの原因はそこではなく、自らの責任について全てのらりくらりの官僚答弁を繰り返す東電の対応そのものだ。

代表例が福島第一原発1〜3号機タービン建屋内地下に溜まった汚染水の海洋流出問題だ。同原発の1〜3号機は水素爆発などで原子炉格納容器や圧力抑制室が損傷し、格納容器の底に溶け落ちた燃料の冷却水は高レベルの放射性物質を含んだまま漏れ出し、最終的に隣接するタービン建屋に汚染水として溜まっている。東電側はこれをくみ上げてセシウム吸着装置にかけ、タンクに保管をしている。

従来からこの汚染水がタービン建屋で滞留中に海洋へ流出しているのではないかという懸念があった。というのも、タービン建屋地下周辺は毎日1000tもの地下水が海に向けて移動し、このうち400tが今回の地震で亀裂が生じたタービン建屋地下擁壁から内部に流入していたうえにタービン建屋から海側へは電線などを通すトレンチという

現在週３回開催されている東京電力の定例会見。中央の説明者が尾野昌之・原子力立地本部長代理

横穴もあったからだ。

13年3月、東京海洋大学の神田穣太教授は、福島第一原発付属の港湾内の海水中セシウム濃度が事故後一定期間低下しておらず、汚染水の海洋流出の可能性が高いと指摘。当時会見では、この件に関して東電の尾野昌之・原子力立地本部長代理がその可能性を完全に否定していた。

●「データ不足」を繰り返す答弁

流れが変わり始めたのは同年6月19日。2号機海側にあった観測用井戸から1ℓ当たり約500万ベクレルという高い値のトリチウムが検出された一件だ。しかし、東電は事故直後の11年4月に2号機取水口付近で流出した汚染水の一部が地中に残留していたとの見解を示すにとどまった。

この後、監視体制強化のために周辺に数多くの観測用井戸が掘られるが、そこから採取される水の放射性物質濃度は、次から次に過去最高値を更新。原子力規制委員会からも海洋流出の恐れを指摘されたが、前述の見解は変わらず。記者会見では「数値的にどのレベルまで達したら海洋流出と判断するのか」と問われても、「データを蓄積して注意深く観測を続けていきたい」を繰り返すのみだった。

13年7月3日には、私自身が、東電福島復興本社の小野明・福島第一原発所長に「海洋流出の蓋然性は高まっているのではないか」と質問したが、「データがまだ少ないので、データを蓄積していきたい」と型通りの返答だった。

だが、7月22日になって東電は海洋流出を認めた。東電では既に内部で海洋流出の可能性は十分認識していたものの、漁業関連の風評被害に対する不安や懸念があり、リスクを積極的に伝える姿勢よりも、最終的な拠り所となるデータや事実が出るまでは判断を保留すべきとの考えが優先されていたのだ。同日の会見で東電は、こうした理由で発表が遅れた事を認め謝罪した。要は自分達が非難を浴びるのを先送りにしただけだったのだ。

この事例はもっとも典型的な東電の態度を表しているが、それ以外でも会見内では記者の質問に答えられず「確認いたします」は毎度の事。この確認の約束も、質問した記者が黙っていれば結構な割合でナシのつぶて状態になる。私自身、過去に福島第一原発構内に設置されている汚染水貯蔵タンク設置場所の地盤強度データについて会見で３度尋ねたがいずれも「確認します」で打ち切られ、後日東電が原子力規制委員会に提出した資料の中にひっそりとそのデータが記載されているという具合。

「由らしむべし知らしむべからず」的な態度がその根底にあるのだろうと疑わずにはいられないのが現実である。

また、記者会見の在り方も次第に変貌をしている。

２０１３年から週３回へと変更した理由について、東電広報部側は「個別に聴取した一部のメディアのご意見を踏まえて会社として判断させていただいたもの」と説明した。

この事が発表された２０１２年12月21日の会見では、何人かの記者が決定プロセスの不透明さを追及するために詰め寄ったが、前述の答えを繰り返すのみ。

最近の会見では「当日説明した内容以外の質問は終了後のぶら下がりでお願いしたい」との要望も口にしている。福島第一原発の収束作業は１～６号機まで多岐にわたり、その時々で説明される内容は異なる。東電側の意向に従えば、過去に行われた作業については該当する内容が再び発表されなければ質問は許されないという事になる。

こうした背景の１つには、会見時間の短縮が考えられる。一般的な記者会見と違って東電の定例会見は質問が出尽くすまで続くのが慣例で、会見時間が２時間超になる事も珍しくない。もう１つは中継との兼ね合いだ。動画サイトでリアルタイム中継され、東電側が何に答えられないのか、どんな時に口ごもるのかを視聴者が監視している。

だが、どのような背景があるにせよ、10万人を超える避難者が発生し、負の歴史として刻み込まれる事が確実な過酷事故を起こした東電は、事故に関するあらゆる情報を積極的に提供する責任がある。

かつて経済界の上位に君臨し、肩で風を切ってきた東電は現在、表面上低姿勢を保っている。しかし、最近のその様子を眺めていると、かつての「傲慢の牙城」に日に日に戻ろうとしているように思えてならない。

水素爆発の痕跡を残す福島第一原発４号機。傍らでは使用済み燃料棒取り出しのための建屋カバーが建設中だった（撮影：2013年3月）

第3章

暮らしの中で見えた光と影

震災直後、内陸や山間部では地震の影響で水道が断水したため、
自衛隊による給水活動がまさに「命の水」となって地域住民の生活を支えた。
宮城県南三陸町の山間部に設置された給水所では、
多くの人が行列しながらタンクに水を溜める姿が見られた。
この地域の水道が最終的に復旧したのは、
5月の大型連休を過ぎてからだった。
（撮影：2011年4月2日／渡部真）

Column

物語化された「福島」への抵抗

安積　咲
●福島県郡山市在住・自営業

本来、そこは到底「物語」の舞台になるには不似合いな場所でした。少なくとも、私が生まれ育ってから40年弱、そうとしか感じられない土地でした。

何が名産なのか、どこが観光地なのかもすぐには思い浮かばない。福島に住んでいるといっても、何の反応も得られない。それだけ、目立たない、地味な田舎。「福島」とは、そんな場所でしかありませんでした。

それが突然、世界の「物語」の中心地として脚光を浴びる事になりました。２０１１年３月11日。「福島」が「フクシマ」と書き換えられ、「物語」の舞台となってしまう日が、ここから始まりました。しかもそれは、悲劇の被害者として、限定で。

確かに、沿岸での津波被災は悲惨なものでした。それは紛れもなく悲劇であり、今も悲しみや苦しみから逃れられない人々がたくさんいます。

でも、震災後の世間が「フクシマ」をどう見ていたかと言えば、放射能汚染に侵された土地としての姿ばかりでした。原子力発電所でメルトダウンが起こり、放射性物質の飛散がわかってから、すぐさまパニックにも近い情報の交錯が始まりました。

福島はもう、放射性物質に汚染された、取り返しのつかない場所となった。それが当時の見方だったと思います。残念ながら今でも、それを信じている人はいるでしょう。

一歩間違えればそんな事態を引き起こしていたかもしれない、

安積咲（あさか・さく）

1975年福島県郡山市生まれ。英国宝石学協会認定会員として宝石の鑑別を本職としている。『gooニュース』へ寄稿し、福島あるいは郡山からの視点で情報発信を続ける。

「『福島は終わった』と外からがっかりする身勝手～世界はそう簡単に終わらない」
http://news.goo.ne.jp/article/gooeditor/politics/elex/gooeditor-20121222-01.html
ほか

TwitterID：@asakasaku
ブログ：http://blog.goo.ne.jp/asakasaku

それくらい甚大な事故でした。しかし、我々には幸いな事に、そこまでの絶望的な状況だけは回避できました。世界の終わりは、訪れなかったのです。

でも、世間の多くの人々はそれを信じようともしませんでした。「福島では巨大化した生物が現れた」「奇形の生物が発見された」「子供の鼻血が止まらない」等々、極端な噂話がインターネットを中心に出回りました。

どうしてそんな事態を引き起こしたのか、その一端には、それまで多く広まっていた「放射能汚染」への恐怖感が下地にあったのだと思います。

唯一の被爆国として、二度と戦争や核兵器使用などという愚行を繰り返さないためにと、教訓として伝えられてきた中でも特に強調されたのは、核兵器による放射能の人体に与える恐怖です。

そういう悲劇をどう後世に伝えるか、そのために利用されたのが「物語」でした。小説、映画、漫画、絵本、様々な表現手法で、原爆の恐怖は語り伝えられました。

それは効果的な方法ではありましたが、核兵器の被害と原子力発電所の事故の被害を区別する事なく語ってきたために、この事故の被害をより悲惨に想像させた部分はあったと思います。

特に、戦争であっても災害であっても、女性や子供は弱者として「物語」の主役に据えられやすい。広島出身の女性が結婚を嫌がられたというようなエピソードも共に伝えられて来ました。

それらは、「そんな差別がどれだけ非科学的で根拠がないものか」を語る前に、「そんな差別を引き起こす核兵器の悲惨さ」ばかりに焦点が当たってきたように思います。物語の中の悲劇を強調する事で、悲劇を引き起こした悪を憎むように読者や観客の心を惹き付けるのです。

核兵器の危険性を識り、その使用へ反対を訴える事は重要だと思いますが、その被害による人体への影響に含まれる誤解には無頓着であった部分が、これまで世に送り出された「物語」にはあったと、私は思います。

「悲劇」はわかりやすく「悲劇」であった方が、「物語」を創り上げやすい。極端に言えば、虐げられる弱者の状況は、悲惨であればあるほどいい。だから、その悲劇を緩和させ、恐怖を軽減させかねない誤解の解消は、「物語」には不必要であり、邪魔でさえあったのかもしれないのです。

アーティストや劇作家に反原発思想の強い方が多かったのも、そんな「物語」を送り出す側の人々であったからではないかと思います。核兵器への反発は同時に原発への反発でもありました。私も演劇が好きで、色々と舞台を観ていますが、「原発事故」

への恐怖を煽るような内容のものも少なくありませんでした。

「原子力発電所に何かがあれば、きっと大変な事になる」「動植物は死に絶え、そこは死の土地になる」――そんな警鐘を鳴らし続けた作家やアーティストたちは、まさに「その時が来た」と思ったのかもしれません。

そうなれば、福島に住む人々は、東電や原子力発電所を恨み、原発反対を一緒に謳うだろうと、信じていたのかもしれません。

これが地震と津波だけの被害であったなら、「敵」は天災ですから、到底人間がかなうものではなく、「悪を倒す」という物語は描き辛かった事でしょう。そして主役と成り得るのは本当にその当事者だけだった事でしょう。

しかし原発事故は人災でもあったために、明らかな「悪役」が存在しました。原子力発電所、そしてその管理者である東京電力。また、その政策を後押ししてきた日本政府。そして放射能という「見えない恐怖」は、地震や津波そのものを直接身に受けてはいなくとも、誰しも不安として感じ取れる「被害」となりました。

いわば日本中が、「被害者」として「悪者」を糾弾できる立場と成り得た。天災で昂ぶった神経、理不尽さに対する怒りを、「悪役」にぶつける事が出来た。それが、東日本大震災が今までの震災とは違った部分なのだと思います。

あの震災直後の反原発、東電を糾弾する声の高まりには、そんな人々の鬱屈が集中した面もあったのではないでしょうか。

ですが、現実は彼らの描いたストーリー通りには進みませんでした。彼らが想像したようには「フクシマの人々」は悪に対して泣き叫び、怒りをぶつけようとはしませんでした。

もちろん東電や原発に対する憤りもあるでしょう。でも、そのために、泣いている暇は現実にはなかったのです。まず生活をどう立て直すかという、より身近な「戦い」が一人一人に余儀なくされました。

住民に必要だったのは、現実にどう暮らしていくかという道筋であり、大仰な恐怖を煽る噂話ではなく、正確な情報と、その分析だったのに、まず「物語」を描いてきた人たちはそれを提供してはくれなかった。死の土地となった福島を捨てよと、そう煽るばかりです。だから、彼らに共感する福島の人間は減って行ったのだと思います。

悪の糾弾に精神を高揚させていた福島以外の人々も、分かりやすく立ち上がらない福島の人々には関心を失った、そんな部分もあるかもしれません。中には「怒りの声を上げない福島住民に失望した」とまで言う人がいました。

福島に住む人が続けなければならない戦いは、そんな派手なものではなく、分かりやすい「悪」を倒して終わるものではなく、これまで培ってきた生活や土壌、人々の繋がりを抱えながらも、放射性物質汚染という事実を背負ってしまった地で生きて行く、地道な日常なのです。

でも、残念ながらそれは多くの人の目を惹き付ける「物語」ではない。それが、3年経つ今、改めて感じる現実です。

今でも、福島についてより危険性を強調する、悲劇ばかりを取り上げる著名人は少なくありません。彼らは自分たちが描いた「物語」を信じ続けています。人の関心はどうしても薄れて行くものですから、それをまた惹き付けるにはより過激な話題で人目を惹きつけるしかないのです。だからいつもは被災地に関心のない人ほど、その目立つ話題に振り返るのでしょう。

人はどうしても、物語性に感情移入しやすいものです。物語として刷り込まれすぎた放射能汚染への過剰な忌避と悲劇性が、未だ福島への誤解、風評被害を招いています。今こそそんな物語性を排除し、感情移入しすぎない事実と検証を続ける事こそが、どんな被災地にも重要な事と思います。

先に挙げた例は主に原発反対派と呼ばれる人たちに目立った傾向ですが、どんな方向であっても、思想に引きずられた視点を押し付けるのは、復興への足枷になります。

放射能汚染への過度な危険性や、健康被害への不安を強調する事も問題ですが、それを軽視する事もまた、補償問題を混乱させかねないという事も、忘れてはならない。そこにも「物語」は利用されかねない。それを心に留めたいのです。

3年経った今、当初は悲劇の舞台にばかりされた福島は、また別の傾向の物語の舞台として取り上げられる事が増えてきたように思います。

物語の方向性が変わっただけで、違った形の物語へ「福島」を押し込もうとする人たちもいます。どんな「物語」が世間に持て囃されるのか、これまでの傾向から計算している人もいるでしょう。中には、その主役になろうとする人も。ここはそんな、表現者まがいの実験場でも、舞台でもありません。

福島は広い。様々な人がいる。一部分を切り取って物語化しても、それは到底現実の姿とはほど遠い。箱庭の中の「福島」でしかない。

物語化されてはいない、つまらない「福島」。過度に感情を傾けることなく、脚色のない、ありのままの姿を大事に、復興を見守ってほしい。私は、今だからこそ、そう思っています。

夏暑く、冬寒い、命を縮める仮設住宅
～疑問が残る宮城県の仮設住宅対応

【岩手県釜石市／宮城県気仙沼市／石巻市ほか】

被災地では、文字通り〝仮〟の住まいであるはずの「仮設住宅」での生活が長期化している。その生活環境の劣悪さに対して行政の対応はあまりにも遅く、被災者の苦悩は続く。

本田 祐典●『しんぶん赤旗』社会部記者

※年齢、肩書きはいずれも取材当時

仮設住宅を歩くと、よく聞く言葉がある。

「首相は一度、仮設住宅で暮らしてみたらいい」

吐き捨てるような強い口調、落胆と怒りが混ざった表情。おれ達は国に見捨てられたんだっちゃ、と深い絶望を口にする人もいる。不眠、高血圧、ぜん息……、高齢者を中心に健康悪化が進む。「お年寄りがみるみるうちに弱っていく」（宮城県気仙沼市の五右衛門ケ原運動場仮設住宅の長井裕子自治会長）と、切迫した声もあがる。

なぜ、健康を害すほどまでに仮設住宅の暮らしは過酷なのか。

岩手、宮城、福島の3県で仮設住宅は約5万3千戸。なかでも圧倒的に戸数が多いのがプレハブだ。約3万戸を業界団体「プレハブ建築協会」傘下のプレハブ供給メーカーが受けた。大手の大和リースだけで約6千戸にのぼる。

プレハブは寒さや暑さに弱い。もっとも一般的なプレハブ仮設住宅は、鉄柱の間にパネルを挟んで壁にし、屋根を鋼板で葺いた簡単なものだ。倉庫などに使われるものと大差ない。

被災者は季節が変わるたびにプレハブ特有の住みづらさに直面した。2011年夏の入居から、仮設住宅の四季をたどる。

●夏（6、7、8月）

2011年、仮設住宅への入居が始まった頃。被災者をまず襲ったのは、猛烈な暑さだ。

各地の仮設住宅内で熱中症が相次いだ。宮城県多賀城市の仮設住宅に入った奥山トシノさん（71歳）も室内で熱中症になり、病院に運ばれた。「仮設住宅がここまで暑いとは思いもしなかった」と力なく語った。

強い日差しで焼けたプレハブの屋根や鉄柱は、直接、室内に熱を伝える。窓が小さく風通しも悪いため、熱がこもる。室温が40度を超えた例もあった。厚生労働省はエアコンの使用を呼びかけたが、窓を開けて暑さをしのいできた東北の高齢者の習慣はすぐ変わらない。経済的な困窮や過度な節電要請による利用控えも重なった。

のちに増設したが、入居時点でエアコンは1台。5人家族が暮らす3Kタイプでも、3部屋のうちエアコンがあるのは1部屋だけという状態だった。

入居と同時に、食事供給などの生活支援が各地で打ち切られた。「孤立」という言葉を口にする人が出てきた。

車を持たない人にとって、仮設住宅はまさに陸の孤島だった。

沿岸の平地が被災したため、多くが高台に建てられた。町の中心部から離れ、バスなどの公共交通網からも外れる。

炎天下、最寄りの商店まで片道3kmの道のりを歩いた女《おな》川《がわ》町の男性（76歳）は、「帰り道でめまいを感じた。もう外出せず、家に居ようと妻にも言っている」と語った。入居後20日間でタクシー代に1万円が消えた。

「医者にかかれない人や、仮設住宅に引きこもる人が出てしまう」

救護医療を指揮していた石巻赤十字病院（宮城県石巻市）の石井正医師を訪ねると、交通手段の確保は命にかかわる問題だという。医療チームが巡回した避難所と違い、仮設入居後は被災者が病院に出向かなければならない。

国は支援策を打ち出したが、バスや乗り合いタクシーが仮設住宅を走り始めたのは早い地域でも秋以降だった。

●秋（9、10、11月）

雨が降ると仮設住宅の室内は湿気がいっそうと強まった。

9月上旬、岩手県釜石市の平田第6仮設住宅を訪ねた。雨がやんで2日たっても、敷地がぬかるんでいる。側溝がなく、水はけが悪い。

雨水は各戸の床下に入りこんだ。高齢の女性に居室内を案内してもらうと、畳に黒カビが生えている。温湿度計で測ると、湿度が80％を超えた。

湿度が高すぎるとカビが空気中に浮遊して、ぜん息や肺

湿気が多くカビがはえた仮設住宅（撮影：2013年3月、宮城県石巻市）

炎といった呼吸器疾患を招く。

駐車場で乳児をあやしていた男性（38歳）は「子どもには出来るだけ外の空気を吸わせるようにしている」と話した。白カビが押し入れや畳に生えていた。

肌寒くなって外気が乾燥するころには、消火訓練を行う仮設住宅も出てきた。

仮設住宅の多くは、長屋構造で延焼の危険性が高い。各戸のしきりや床はベニヤ板で、木質の材料も多い。

10月、気仙沼市の五右衛門ケ原野球場仮設団地の一室で、台所と玄関の天井を焦がす火災が起きた。火は延焼せず消し止められたが、住人の女性（76歳）が顔と手に火傷を負い、2週間入院した。

痛々しく、両手に包帯を巻いた女性が話す。

「台所のストーブから火が出て、水をかけたが消えなかった。燃えたストーブをじゅうたんで包んで玄関から外に出そうとした」

女性は、「もし部屋に消火器があれば……」とも口にした。

部屋は1棟6戸並びの端で、消火器は棟の中央付近にあった。叫び声で集まった住民らも、消火器を探して走りまわったという。火が消えるまでに、別の棟のものも含め3台を要した。

宮城県は消火器を各戸ではなく、各棟1つとした。中越地震では各戸に配ったにもかかわらずだ。県の担当者は「プレハブ建築協会が示した仕様に従った」といい、その後、各戸に配布しなおした。

火災は、プレハブ仮設の構造上の問題をもあぶりだした。玄関がある台所側で出火すると、避難ルートがなくなり閉じ込められるのだ。

女性宅の火災でも、別の家族が居室内に取り残された。煙が立ち込めるなか、居室側の小さな窓から這い出したという。

窓の開口部の高さは床から約1ｍ。障害者や高齢者、子どもへの配慮はない。女性も、「取り残されたのが自分なら、逃げられなかった」と語った。

福島県は居室側の窓を改装し、開口部が床に接する掃き出し窓としたが、岩手、宮城両県は対応してない。

●冬（12、1、2月）

寒さが強まるなか、仮設住宅に格差があることに被災者も気付き始めていた。

宮城県石巻市の仮設住宅自治連合会で初代会長を務めた後藤嘉男さんは、普段は温厚な表情を曇らせて、「同じ被災者なのに、なぜこんな扱いが違うのか」と憤りを口にした。

一見同じように見えるプレハブでも、断熱性能など住み心地に決定的な違いがあった。

岩手、宮城、福島の3県と、大震災の翌3月12日に被災した長野県栄村の仮設住宅を比較すると、違いがよくわかる（下段の表）。

圧倒的に防寒対策が遅れ、多くの被災者を凍えさせたのが宮城県だった。業界丸投げで劣悪な仮設住宅が多いのも災いした。

断熱が不十分で外から冷気が伝わり、エアコンを付けると天井や窓からぽたぽたと結露が落ちる。真冬にもかかわらず室内にカビが繁殖した。

気仙沼市の菅原京子さん（77歳）は、「玄関の結露がひどく、毎朝、レールが凍って戸が開かない」と嘆いた。目が覚めるとお湯をわかし、氷をとかすのが日課だという。

隣の岩手県では、夏のうちから防寒対策をすすめていた。外壁への断熱材追加、窓の二重化、玄関前の風除室の設置、畳敷きへの変更といったものだ。陸前高田市の仮設住宅で

【仮設住宅の寒さ対策実施状況】

	壁の断熱材	雨風の侵入を防ぐ風除室	2重窓または複層ガラス	畳敷き
岩手県	○ 10月上旬までに追加	× 12月中に設置できず	○ 10月上旬までに追加	○ 8月から希望者に対応
宮城県	× 12月中に追加できず	× 12月中に設置できず	× 12月中に追加できず	× 自治体まかせ
福島県	△ 12月中に追加	○ 建設当初から設置	△ 12月中に追加	△ 年明けに希望者に対応
長野県栄村	○ 当初から断熱材が厚い	○ 冬季は雪囲いを設置	○ 当初から複層ガラス	○ 当初から1部屋が畳敷き

2011年12月時点で各県にアンケート

暮らす藤野智弥子さん（69歳）は、「これで少しは楽になんだすぺが」と、うれしそうに工事を見守っていた。8月末のことだ。

ところが、宮城県では9月になっても、いっこうに工事が始まらない。取材を兼ねて県に「なぜ防寒対策をしないのか」と、繰り返し求めた。

しかし、宮城県の回答は「必要ない。岩手県ほど寒くない」（9月3日、県住宅課）とかたくなだった。過去の仮設住宅との公平性もある、といった。

県の言い分は、岩手・宮城内陸地震（２００８年）と同じ仮設住宅だから我慢しろというものだ。村井嘉浩知事ものちに対策の遅れを追及された際に、「内陸地震と同じ」と繰り返した。

だが、調べてみると、これはとんでもないウソだった。

本当のところは、内陸地震の仮設住宅に及ばない、貧弱で寒さに弱い代物を大震災の被災者に押し付けていた。

内陸地震の仮設住宅には、防寒対策として二重窓や風除室の設置、畳敷きが取り入れられた。これは大震災で岩手県が追加工事し、宮城県が拒否していた防寒対策とほぼ同じ内容だ。

結局、宮城県は10月に方針転換するまで防寒対策に手を付けなかった。同月下旬にようやく始まった工事は年を越しても続いた。

法律が定める最低限の物資すらちゃんと配られていないことも表面化した。「冬用の布団がほしい」「毛布がない」との声が各地で聞かれたのだ。災害救助法にもとづき国のお金で配れるはずの布団を民間の支援まかせにした結果、「5人家族でも支給は4セット。不足分は自分で買うように」（石巻市）などという事態が起きた。

配られた布団も夏物が多く、石巻市の仮設住宅で暮らす佐藤弥生さん（74歳）は、厚さが冬物の3分の1もない掛け布団を手に、「体があたたまるわけがない」と嘆いた。多くの被災者が、不要な出費を迫られた。

●春（3、4、5月）

仮設住宅では新たに光熱費の負担が増え、経済的な困窮に拍車がかかった。

仮設住宅の給湯器はプロパンガスを使う。東北地方などの寒冷地で一般的な灯油に比べ割高だ。「仮設はカネがかかる」と言われる一因になっている。

このプロパンガス代の補助が打ち切られ始めた。サウジアラビアの支援で月3千円、入居から10か月間。それが入居の早い世帯から順に期限を迎えた。

プロパンガスの消費を増やす原因のひとつに、風呂の追い炊き機能の欠如があった。湯船の断熱が不十分で冷めやすいこともあって、多人数世帯はお湯を何度も入れなおす。

寒くなってから始まった断熱材の追加工事（撮影：2011年11月、宮城県石巻市）

国は当初から不備を認めていたが、２０１２年春になってようやく追加の工事を認めた。実際に工事が終わったのは入居から1年以上たった同年秋ごろのことだ。

◇　◇　◇

季節がめぐり、防寒対策や追い炊き機能など追加工事の音がやんだ。それでも問題は残った。

夏暑く、冬寒い、いまも過酷な環境だ。断熱材が追加されたのは南側の壁だけで、北側の壁は手付かず。年間を通じてカビが畳や押入れに生える家もある。

長屋構造で壁が薄いため音が響く。音をめぐる住民間のトラブルも多い。玄関やユニットバスの前には段差があり、高齢者や障害者には不便だ。

一方で、こうしたプレハブに疑問を持ち、仮設住宅を根本的に改善する動きも起きている。

福島県はプレハブ仮設を6割にとどめ、残りは地元工務店を活用して木造の仮設住宅を建てた。気候をよく知る地元の知恵を住環境の改善に生かすほか、地域経済の活性化にもつなげる試みだ。

プレハブ建築協会と独占的に結んだ協定を見直す自治体も広がっている。木造の仮設住宅を推進する社団法人「全国木造建設事業協会」との協定は２０１４年1月末までに全国で15都県となった。

あなたの住む町ではどうだろう。被災者を守る住まいを確保できるだろうか。防災とともに、被災後の生活をどう支えるのか考えておきたい。

政治の姿勢が被災者の命と健康に格差をつくった大震災の過ちを繰り返さないために。

本田祐典　ほんだ・ゆうすけ
２００５年『しんぶん赤旗』編集局入局。社会部、首都圏総局を経て、現在は社会部で調査報道、震災報道を担当。

南相馬で暮らす市民を支えた医師達
～妊産婦を診つづけた産科医と、東京から南相馬に通う医師

渋井 哲也 ●フリーライター

【福島県南相馬市】

原発事故の直後、医薬品も不足していた南相馬市で大きな不安を抱えていた妊産婦たちを支えた医師がいた。そして今も同市を中心に、放射線被曝に対してのアドバイスを続けている医師がいる。

東電・福島第一原発の事故が起きてしばらく、同原発から30km圏内の街では、人影が消えた時期があった。立地地域である双葉町・大熊町、周辺に位置する浪江町・葛尾《かつらお》村・田村市・川内村・楢葉《ならは》町・南相馬市・川俣町・飯舘《いいたて》村などの全域もしくは一部地域が避難区域として指定され、地域住民が避難した。さらに、相馬市・広野町・いわき市など「浜通り」と呼ばれる福島県沿岸部から、多くの人たちが別の地域に避難した。南相馬市は、震災前は人口約７万１５００人だったが、震災から2週間後には、一時的に約1万５０００人程度まで減ったと推測されている。残った住人たちも、原発事故による放射能の影響を恐れ、出来るだけ屋内に留まるようにしており、当時の街並はヒッソリとしていた。

●自ら末期癌と闘いながら妊産婦を支える

こうしたなかで、事故直後にとくに不安が深刻だったのは、妊産婦たちだった。そんな妊産婦を支えたのが、福島第一原発から約25km地点にある「原町中央産婦人科医院」の髙橋亨平院長だった。

原発事故後、南相馬市への物流はストップした。震災後の一時期、東日本各地で物流が滞ったが、南相馬市では長期化し、北部に位置する相馬市に行けば、コンビニエンスストアにも商品が並び、新聞の宅配が再開した後でも、南相馬市までは物流のトラックが来ない時期があった。全国から送られる支援物資も、市の職員が相馬市や福島市まで

引き取りに行く状態だった。

「薬も手に入らない。いろんなところに当たったが、最後の手段として自衛隊から入手した。今回は自衛隊しか役に立たなかった」（髙橋院長）

市内には分娩できる医療機関が5か所あったが、震災後は同医院しか開業していなかった。事故後の2011年4月に産まれた赤ちゃんは1人だけ。住民がいないから医療施設が充実しないのか、医療施設が充実しないから住民が戻らないのか、というジレンマに陥っていた。

原発事故後、南相馬市での産科医療を支えた髙橋院長。2013年1月に亡くなった

「情報が一切入らない。現場の危険管理者に、自衛隊の情報も入らない。電話も通じない。何もない街になった。ただ、少数のボランティアが街に物資を運んで来てくれていた」

この時期、南相馬市は安全な場所だったのか？　髙橋院長は、すぐにはわからなかった。情報が少なすぎて、安全か危険かの判断も正確に下せない状況だった。しばらくして、簡易式の空間放射線量計を入手した。5月からは、ガラスバッジで妊婦と子どもを測定し、高い線量の人たちの生活指導をしはじめた。

同年8月には「妊婦と子どもを守るための除染計画」を発表し、「南相馬市除染研究会」を立ち上げ、地域で連携しながら、保育園や住宅を除染するなど、できるだけ被ばくしない環境を整えるように奔走した。病院内のどこが線量が高いのか、あるいは低いのかを計測し、入院ベッドの場所もそれによって移動した。

「日本の学校ではたとえば、線量を地上1mで計って終わりだ。俺たちは5cm、50cm、1m、2mで計る。もの凄い重労働なんだよ。校内の何か所かのポイントでやって、校庭の真ん中でもやってる」

計測する人たちが、徐々に計測作業に慣れて来た頃、線量に変化が出た。

「ある時、毎時0・3マイクロシーベルトまで下がっていた場所が、雨が降った後に毎時1・2マイクロシーベルトまで上がった。雨がふると、また線量が高くなる」

その後、南相馬市医師会の会長として、原子力災害現地対策本部に対して、以下の4点などを緊急要望した。

(1)国、東京電力に対する各医療機関への補償支援

(2)国の保護による緊急融資支援

(3)納税及び予定納税の免除、

(4)地域医療の整備、特に、緊急入院患者に対するベット使用の許可

髙橋院長は、11年5月、こうした活動のさなかに直腸癌を患っている事が発覚した。すでに肺や肝臓にも転移し手術による摘出は断念。自ら末期癌を抱えながら、南相馬市の妊産婦を支える事となった。震災から1年、12年4月になってようやく別の医療機関で出産に対応する事になった。その事である程度は負担が減り、福島市まで放射線治療に通いながら診療を続けた。しかし、13年1月22日に亡くなる。享年74歳だった。

●危険や安全を過度に評価しない

地元の医師が避難せずに留まって地域の医療を支える一方で、外部からの医療支援として南相馬市に通い続ける医師がいる。東京大学医科学研究所の坪倉正治さんだ。南相馬市立病院に非常勤の医師として勤めている。

震災後、チェルノブイリを視察。状況の確認を行ったり、現地スタッフと懇談した。帰国後、南相馬市での内部被曝検査を実施した。原発事故当初から全村避難となった飯舘村で健康診断を手伝い、帰還宣言をした川内村では健康管理アドバイザーとして、住民たちの疑問に答え、放射線の知識の普及に努めて来た。

福島県内や東京都内でも、内部被曝検査のデータを元にした現状を、繰り返し説明している。学習会には高校生が参加する事もある。

坪倉さんは、放射線被曝の影響を、単純化して「安全だ」あるいは「危険だ」とは言わない。現状、南相馬市では、内部被曝に関して危険な状況にはない。2回目の検査では、全体的な被曝の数値が下がって来ている。ただ、チェルノブイリでも事故から5年経ったほうが数値が高くなった事もある。生活の仕方次第では、現状で数値が低くなったとしても、危険性が増す事もあり得ると注意を促す。「まず気をつけるべきは食事だ。チェルノブイリでも内部被曝した人が増えたのは事後直後ではなく、4~5年後。

南相馬市などで放射線に関する勉強会を開いている坪倉医師。中高生向けの授業・講演をする事もある

水や空気よりも、食べ物が主な原因だと説明している。スーパーで食料品を購入する人の約7割が産地を気にしているが、産地を気にしない人との差は数値に出ていない。出荷制限のかかるような種類の、汚染が溜まりやすい食材が危険な事がわかってきている。家庭菜園でも、種類によっては安全性が非常に高い」

そうした活動が評価され、坪倉さんは『第一回「明日の象徴」医師部門』を受賞した。この賞は、医療、保健、ライフサイエンスの分野で活躍する若手を対象にしたものだ。もちろん、放射線に関しては様々な立場がある。そのため、坪倉さんは「御用学者」「安全厨《ちゅう》」などと言われ、批判される事もある。学習会に参加した人が、すぐに理解するわけでもないし、むしろ参加する事でさらに疑問を持つ人さえいる。「状況は一人ひとり違いますので、本当は対面で話をしたい」と言う坪倉さんは、その言葉通り、一人ひとりの疑問に丁寧に答えている。

◇ ◇ ◇

放射線被曝に関して、どのように生活すべきか「正解」はない。

経済的な余裕がある人には、地元での生活にこだわらず避難している人も多いと言われる。一方で、地域の生活や人間関係にこだわったり、避難したくとも経済的余裕がない場合もある。そうした人たちは、精神的にストレスを抱えながらも留まっている。南相馬市で暮らすある主婦は、この間、遠くに避難すべきか悩みながら、様々な事情で避難できないまま過ごしてきた。地元から離れるにせよ留まるにせよ、放射能との付き合いがなくなるわけではない。それぞれが、正確な情報に接しながら、いずれかの判断をしながら生活するしかない。

一時期は市内に滞在した住人が激減した南相馬市だが、現在、5万1783人が居住しているという（14年2月27日現在、南相馬市調べ）。地域の医療を担う医師たちが南相馬の人たちの生活を支えている。

震災で見つめ直す消滅寸前の高齢者農業

～集落を守り、生きがいをつくる福島の農民達

上垣 喜寛
●ジャーナリスト／写真：越智貴雄

【福島県二本松市】

高齢化と後継者不足で危機に瀕していた福島の農業に追い打ちをかけた震災。しかし、それを機に、販売ルートの開拓や都市部の消費者との交流から「高齢者農業」に新たな〝つながり〟が出来始めた。

福島県二本松市中町。村松忠光さん（74歳）は妻のミツ子さん（73歳）とともに農業を営み、市内に勤める息子夫婦と孫と一緒に住んでいる。

「だんだん歳いぐとね、能率が上がんねえし、立派なもんが作れなくなる。農協の規格通りに作るのも大変。若い人に迷惑かけることはあってばなんねえ（あってはいけない）」

かつては所有する農地1ヘクタールをフル活用して農協へ出荷していたが、今は0・15ヘクタールの農地でネギや大根などを育てる。限られた年金をつぎこみながら、先祖代々、江戸時代からの土地を引き継いでいる。

2013年11月末、立派に育った村松さんの大根畑に一台の軽トラックが到着した。近所に住む齊藤登さん（54歳）だ。「今朝電話したら、昼には取りにきてくれる。本当に助かるんだ」と村松さん。「里山ガーデンファーム 二本松農園」代表の齊藤さんはコメやキュウリなどを生産しながら、村松さんをはじめとする二本松近郊の27戸の農家から野菜を仕入れ、4000人ほどの会員にインターネットを通じて販売している。仕入れるといっても、収穫するのは齊藤さんの仕事。若手スタッフとともに大根を次々とひっこ抜き、車の荷台に積んでいく。

「おーい、百姓のお茶飲んでけ」

収穫作業を終えようとする齋藤さんには、毎回のように声がかかる。照れたような表情を見せて家にあがる齊藤さ

「今や俺らが地域農業の主役だ」と松村忠光さん（中央）、ミツ子さん（右）夫妻。棚田を見下ろす畑で、齋藤登さんと

んは、居間のこたつに足を入れる前に、手元をごそごそさせてミツ子さんに何かを手渡した。先ほど収穫した大根の代金約1万円だ。二本松農園では、週3回、このように農家を周って出張収穫し、即払いする仕組みをとっている。買取価格は1本（約1kg）あたり80円と市場卸売相場を上回る価格（同月の福島県産の卸売価格は1kgあたり59円）。放射能測定も無償で行ってくれるため、農家に負担はかからず、そこそこのお金が得られる。

ミツ子さんは笑みを浮かべ、「家計に関係なく、あてにしなくてもいい自由なカネ。『ほまじがね』っていうんだ」と言いながら受け取ったお金を神棚に供えた。

「じいちゃん・ばあちゃんは、ほまじがねで孫に小遣いをあげるのが楽しみだったのです」と齊藤さん。儲けるための農業というよりも、「生きがい」としての農業を支えている。

「しかし震災後、売り先が減って農業をやめる高齢者が増えました。福島の高齢者の生きがいがどんどん失われているのです」

齊藤さんがこの活動を続ける背景には、震災後に急激に変わってきた農村風景がある。

●農業を断念せざるをえない現実

村松さん宅から車で約10分。二本松農園の事務所の横にある小高い山へ案内してくれた。

齊藤さんは集落に広がる田んぼを指さしながら、「震災前までは20戸ほどの農家がこの地域でコメをつくっていました。それが今年（2013年）に田んぼをやったのは私を含めてたったの2戸です」という。

もともと県職員だった齊藤さんは2010年に実家を継いでこの地で就農した。のんびりと農業を覚えようと思っていたところに、東京電力・福島第一原発の事故が起こった。約50km離れたこの地にも放射性物質が降った。事務所のある旧石井村では11年産のコメの一部から、当時の暫定基準値（1kg当たり500ベクレル）を超える放射性セシウムが検出され、村全体に「出荷制限」がかかった。しばらくすると、「先祖伝来の田んぼを荒らしたくない。なんとか耕作してもらえないか」と周辺農家からの声が相次いだ。当時約0・4ヘクタールだった齊藤さんの農地は、4ヘクタールにまで拡大。耕作を断念せざるをえない農家が急増したのだ。

「それを加速させたのが田んぼの除染作業です」

震災の翌年の春、二本松市では除染のためにセシウムを吸収するといわれるゼオライトを水田0・1ヘクタールあたり200kg散布することになった。

「実際の作業を想像してみてください。私の田んぼは約4ヘクタールなので、全部で8tのゼオライトを撒くということになります」

8tといえば、普通自動車約6台分の重さ。それを撒いた後、トラクターで土を反転させ、さらにカリウムを散布し、水田の放射線量を測定する。国の補助金を得るためには、GPS付きのカメラで撮影し、毎日の作業を記録し提出する必要がある。

「デジカメも触ったことのない高齢者には、とうてい無理な作業ですよ。コメを作るだけでも大変なのに。これを機会に農業を終わりに…そんな気持ちになるのは無理もないです」

齊藤さんが最も心配するのは、地域農業の崩壊だ。政府や財界には「農業改革」の名のもとに、農地の大規模・集約化を進め、「効率的」な農業を目指す声が大きい。しかし、地域に住む人が少なくなれば地域農業の存続は難しくなる。

「この集落のような中山間地域では農地1枚あたりの面積が狭く、効率化にも限界があります。だから人の力が不可欠です。地域の高齢者には水の管理など大切な役割が山ほどあります」

個人で農業を継続するのが難しいという声が多いため、今年4月には就農を目指す若者や高齢者の受け皿となる経営体の設立を計画している。集落を守るための次のステップを歩み始めている。

●高齢者農業は世界遺産

農家の高齢化は、福島県に限らず全国的にも見られる傾向だ。現在の239万人の農家の平均年齢は65・8歳。全体の6割が65歳以上という、高齢者による農業が中心だ。

神奈川県在住の阿部直実さん（46歳）は、「福島の農家さんと会うたびに元気をもらい、大切なことを教えてもらっています」と話す。阿部さんは、震災後に二本松農園が首都圏で行っていた移動販売ボランティアをきっかけに、福島と交流を持つようになった。12年3月にオープンしたカフェ兼直売所「ふくしまオルガン堂下北沢」（東京世田谷区）で店長を務め、福島県内の農家40軒ほどの農作物を販売している。姉御肌の阿部さんは持ち前の明るさで人をひきつけ、これまで100人以上を連れて福島県内の農家と交流し、現場の声を伝えてきた。

店を運営する「福島県有機農業ネットワーク」代表の菅《すげ》野《の》正寿さん（55歳）は「〝食〟を入り口に、その先にある〝農〟とつながっていることを感じてもらえる場所にしたい」という。菅野さんは二本松市東和地区で、約4・5ヘクタールの土地でコメや野菜を育て、長女ら若者に技術を引き継いでいる。

高齢者農業について聞くと、世界の無形文化財として注目されている「和食」に触れながら語ってくれた。

「その食を守ってこれたのは、じいちゃん・ばあちゃんの力があってこそ。作物を育てて加工し、伝えてきた彼らが本当の文化遺産だと思います」

「農業改革」が叫ばれ若い担い手にスポットライトが浴びせられる一方で、これまで農村を守ってきた高齢者農業の視点はスッポリと抜け落ちている。そして全国の農村では高齢者が農業をやめ、生きがいとしての農業が失われつつある。高齢者が将来の世代に技術を伝える役割を担っていることを忘れてはならない。

上垣喜寛　うえがき・よしひろ
1983年生まれ。インターネットメディア「THE JOURNAL」編集記者。2005年早稲田大学卒。メーカー勤務後、2008年よりフリーになり、農林漁業、地域などをテーマに活動する。『季刊地域』（農文協）、『生活と自治』（生活クラブ連合会）などに執筆。

再び「東北一のイチゴ産地」を目指して
～壊滅したイチゴ栽培の復活に奮闘する亘理町の生産者

村上和巳 ●ジャーナリスト

【宮城県亘理町】

栽培面積の9割が被災した亘理町のイチゴ栽培は、東北のみならず、日本でも有数のイチゴ産地だった。イチゴ産地復活を賭け、様々な困難に挑む。

宮城県南部の亘理《わたり》町では3月はイチゴの出荷最盛期だ。大型のビニールハウス内には腰ほどの高さに並んだベンチから真っ赤なイチゴがあふれんばかりにぶら下がり、生産者がカートを押しながら時間を惜しむようにもぎ取る。イチゴの鮮度が保たれるのは、4～6℃で5日前後、1～2℃で7～10日と極めて短い。収獲は日の出とともに始め、同日午後には選果場に持ち込まねばならない。

宮城県のイチゴは「仙台いちご」としてブランド化され東日本大震災直前の2010年産の収穫量は全国第10位の5860tで東北6県トップ。残る5県の収穫量を合算してもその数字には届かない。その中で震災前の亘理町は栽培面積58・29ヘクタール、生産者251人、収穫量は約2200tで市町村別でも東北一だった。この東北一のイチゴ生産地を津波は直撃した。被害面積は93%、被害生産者92%でまさに壊滅的である。イチゴ栽培では大量の水を必要とする。亘理町では元々ビニールハウスの中で地面に苗を定植する土耕栽培が中心で、苗の定植時は土が乾かないように頻繁に散水をしないと病気になりやすく、逆に湿気が多くなると苗の生育は悪くなる。このためイチゴ栽培は水はけのよい海に近い砂地で行われていた。だが、これが仇となり、津波はイチゴ畑を真っ先に襲ったのだった。

●土耕栽培を阻む地下水の塩分濃度

基幹産業であるイチゴ栽培の早期復興を目指し、震災直後の夏、亘理町農林水産課はイチゴ生産者を対象に栽培再開の意思を問うアンケートを行ったが、再開の意向を示したのは約3割だった。

農林水産課やＪＡみやぎ亘理などは再開の方策を模索し始めたが、最大の問題は栽培用水の確保だった。震災前、多くの生産者は地下水をくみ上げて灌水していたが、震災後は多くの場所で地下水塩分濃度がイチゴ栽培可能上限値０・０３％を上回る０・０５～０・１％となっていた。震災から3年を経た今もこの数字はほとんど変化していない。地震による地盤沈下などで何らかの大きな影響を受けたと思われるが、理由はいまだにわからないままだ。

亘理町農林水産課の東常太郎課長は「数十年先ならばいざ知らず、なるべく早い再開にこぎつけるためには今までの手法では難しかった」と語る。そこで浮上したのが、前述した腰の高さに並べたベンチ上にプランターを配置し、その中に培地を入れてイチゴの苗を植える高設栽培。苗への肥料や水の供給はプランターに通したチューブから機械制御で行い、水道水を使っても土耕栽培よりは使用量を大幅に削減できる。また、土耕栽培は腰を曲げて長時間の収穫作業を強いられるが、高設栽培は立ったまま収穫するため高齢者でも負担は緩和される。

一方、水の使用量を大幅に削減できても導入機材や暖房費などのランニングコストは今まで以上にかかる。多くの生産者がイチゴ畑はおろか自宅まで津波で全壊している中で、自力で設備を用意するのは至難の業だった。

結局、亘理町が先頭に立ち国の復興交付金などで大規模なイチゴ生産基地を整備する構想が動き始めた。具体化し始めたのは２０１１年末ごろで、これが翌年の復興交付金事業第２次配分で認可された「いちご団地」だった。

12年7月、亘理町議会臨時議会は総事業費１１２億円となる同町最大規模の復興事業「『いちご団地』造成事業」を承認した。団地は町内3か所、栽培面積約24ヘクタール。同年10月から工事が始まり、13年9月に完成し、亘理町いちご団地管理組合に加盟した１０４人の生産者が入植した。

●娘さんの応援に背中を押されて

完成とともに団地に入植した平間勝彦さんは、祖父の代から続くイチゴ生産者だったが、津波で吉田浜南地区の自宅が流出、農地32アールも浸水した。震災から3か月ほどで仮設住宅に入居したが、明日をどう生きるかで精一杯でしばらくイチゴの事を考える余裕はなかった。震災直後に自宅と農地の様子は確認済みだった。

平間勝彦さんの新しいハウスではイチゴの収穫真っ盛り

「土台だけになった家も畑も海砂だらけ。畑は畑か田んぼかも見分けがつかない状態だった」

　仮設住宅入居後、やる事もない。ようやくイチゴをまた作ってみようかと思い奔走し始めたが、絶望的な事実がわかる。平間さんが使っていた地下水の塩分濃度が栽培上限値の４倍にあたる０・１２％だったのだ。もっとも「無理かもと思った事はあったが、辞めようとまでは思わなかった。イチゴを作る気持ちまでは流されなかった」と平間さん。そんな時に浮上した団地構想に真っ先に手をあげた。

　平間さんの背中を押したもう１つの理由がある。ある日、ＪＡみやぎ亘理の職員から１本の電話が入った。亘理のイチゴ復興を呼びかけるブログがあるという。しかもそれを書いているのが、神奈川県に嫁いだ平間さんの娘らしいと。

　ＪＡに駆け付けて見せてもらったブログの主はまさに娘だった。娘は亘理のイチゴ復興のための義援金を呼びかけていた。平間さんは「落胆している自分を見て、娘は直接は何も言えなかったんだろう。でも娘が頑張っているのに父親の自分が頑張らないわけにはいかなかった」と語った。

　13年9月に入植した団地では25アールでイチゴを栽培し、11月から出荷を始めた。栽培方法は全く変わり、以前よりも大型のハウスであるため、室内温度は場所によってムラがあるなど様々な戸惑いもある。使用する機材のメーカーなどに教えてもらいながらの手探り状態だ。

「正直、今の時点では自信をもって語れる技術は何もない。長年の勘でイチゴの姿を見て判断するだけ。どうしたら実を大きくできるか、味がのるかがわかるまでに10年はかかるだろう」

　当初、高設栽培は土耕栽培よりも味が落ちるとの噂が飛び交ったが、平間さんは「食べてみて土耕と遜色がない事はわかった」と顔をほころばせた。

●工夫を重ね、震災の影響を乗り越える

　一方、従来の土耕栽培で再開を果たした生産者もいる。亘理町荒浜の岩佐秀寿さんだ。稲作専業だった父が国の減反政策を受けてイチゴ栽培を始めた後を継いで就農20年。

有機肥料を使用し、JAを通さず直接市場に持ち込むほか、直販を行うなど、こだわりのイチゴ生産を続けている。

震災では自宅も家族も全員無事だったが、イチゴを栽培していた農地は津波で浸水。水が引いた後の農地には塩の結晶が白く浮いていた。

そんな最中、親戚より早く顧客が支援物資などを持って岩佐さん家族を励ましに来た。そして消防団員として遺体捜索にも参加するなか、家族を失った被災者達が表面上は笑いながら話をしている姿を目にした。「自分なんかまだ屁でもない」と思い立ち、5月から、「代かき」（農地にカルシウム剤などをまいて水をかけてかきまぜ、土をたいらにする）作業をし、さらにハウスのビニールをとり、降水に当てるという除塩作業を8月のお盆直前まで続けた。

以前使用していた地下水の塩分濃度は0・08％だったが、付近を探索してようやく上限をわずかに下回る塩分濃度0・02％の地下水を掘り当てた。苗が無事だった事も幸いし、震災の11年もなんとか前年の約8割の収穫量に至った。今も同じ畑で栽培を続けている。

岩佐さんは震災前から亘理町荒浜地区の温泉宿泊施設「わたり温泉　鳥の海」内の「鳥の海　ふれあい市場」にイチゴを納品していた。現在も仮設店舗となった市場にも納入を続けている。市場の客の多くは鮮魚が目当てで、そのついでにイチゴも購入する。しかし、東京電力・福島第一原発の汚染水漏れなどが報じられると、鮮魚メインの市場の客足は落ち、岩佐さんが納入したイチゴの売上も割を食う。震災は手を変え品を変え影響を及ぼしているのだ。

一方、これから土耕栽培を再開しようとしているのが岩佐さん宅近くに住む竹澤文男さんだ。もともとは稲作と肥育牛の農家だったが、牛肉の輸入自由化を機に肥育牛を稲作と農繁期が重ならないイチゴ栽培へ置き換えた。竹澤さんも家族、自宅は無事だったが、イチゴを栽培していた50mハウス10棟はすべて浸水した。団地への入植も誘われたが、後継者もなく当時寝たきりの母がいた事、さらに団地までの通勤の労などを考え、入植はせずに今年から自宅近くでイチゴ栽培を再開する事に決めた。岩佐さんと違ってイチゴ栽培が可能な地下水は確保できず、最終的に水道水を使う事に決めた。これまでよりコストはかかるが、これ以上何もしないわけにはいかないからだ。

2013年産の亘理町のイチゴ生産量は震災前の4分の1程度。今年は「イチゴ団地」による本格出荷が始まる。いずれにせよ東北一のイチゴ産地復活への道はまだ始まったばかりだ。

被災した地元の人達に本を届けたい

～廃業した書店、仮設で踏ん張る書店、新規開業した書店

長岡 義幸
●インディペンデント記者

【岩手県大槌町／陸前高田市／福島県南相馬市】

津波被害と原発事故によって壊滅的な被害を被った被災地の書店。廃業か、再開か？人口の流出も続く中、書店主たちは、厳しい環境の下で選択を迫られている。被災地の書店はいま……。

東日本大震災は、沿岸部の書店にも大きな被害をもたらした。日本出版取次協会の2012年半ば時点のまとめによると、地震や津波、原発事故の被害に見舞われた書店は、岩手、宮城、福島の3県で391店、当地の書店総数の88・1%に及んだという。このうち11店は廃業、20店は再開未定とされていた。

本来、書店が店頭や倉庫に置いている書籍や雑誌のほとんどは、取次（本の問屋）を経由し、出版社から預かった在庫である。書店が何らかの理由で商品を紛失しても、取次に代金を支払わなければならない。しかし、今回の震災では、津波に呑まれたり、棚から崩れ落ちて傷んだり、スプリンクラーでずぶ濡れになったり、原発事故で持ち出せないまま放射能で汚染されたりして、消失した在庫のほとんどは、書店が出版社や取次にすべて返品したものとして取り扱うなど、業界一丸となって経済面で支えた。

だが、一家全員が津波で亡くなった書店は、そのまま廃業してしまった。建物を失い、再建の目処が立たず、途方に暮れている人々もいる。原発事故で警戒区域に指定された地域の書店は、再開の見通しも立たない。一方で、困難な状況にある中でも、地元のお客さんのもとに本を届けたいという意志を貫こうする書店もある。

●旧警戒区域の書店は再開の目処が立たず

福島県南相馬市小高区は、東京電力の原発事故により、

地震の影響で飛び散ったガラスや本が散乱する広文堂書店の店内

一度は警戒区域に指定され、12年3月の解除後、帰還準備区域などに再編された。街の目抜き通りで営業していた広文堂書店小高店は当時、地震によって2階建ての建物が斜めに傾き、通りに面したガラス扉は外されて、歩道の前には取次の段ボール箱などが積まれていた。店内を覗くと、割れたガラスが床に飛び散り、棚から落ちたコミックスや単行本が散乱していた。レジは、カウンターから振り落とされていた。店内の整理もできないまま、逃げ出さざるを得なかった状況が目に見えるようだった。

現在、広文堂書店の本店（同県相馬市）に勤務する元店長に話を聞いたところ、地震当日、倒壊のおそれがあったため、その日のうちに店から避難したという。「教科書の搬入作業をしていたところでした。店の前にあった段ボールは、教科書です。放射能の汚染もあるので、散乱したままにしておくしかありませんでした。営業環境は厳しい。城下町で、とてもいい街だったのですが……。このまま廃業するしかない状況です」とのことだった。

出版業界では、書店1店が成り立つには、8000人ぐらいの商圏が必要だと言われている。人口1万2000人ほどの旧小高町だが、避難解除準備区域が解除されても、以前の人口に戻るとは考えられない。いつになったら、この町で再び書店が営業できるのか。やりきれない。

●仮設店舗で本格再開を目指す

2013年10月、岩手県陸前高田市の山十・伊東文具店を訪れると、仮設店舗で営業していた。平屋のプレハブ造りの仮設とはいえ、売り場50坪、それに事務所20坪と、思った以上に大振りの建物だった。

だが、震災前は、創業地の本店（30坪）と文具店（30坪）のほか、「奇跡の一本松」だけが残った高田松原海岸近くのショッピングセンター内にブックランドいとう（100坪）を展開していた。以前の規模とは比ぶべくもない。

山十代表取締役の伊東孝さんは、社長だった弟、その妻、甥っ子の家族3人、従業員1人を津波で失った。

「避難した高台から見ていたら、あっという間に街が海の底に沈んでしまった。ここにいる私たちだけしか生き残っていないんじゃないか、これが現実なのか、すべて終わってしまったなと、呆然としました」

伊東さんは、弟一家を必死に探し回り、最後まで安否のわからなかった弟の妻ががれきの下敷きになっていたクルマのなかで亡くなっていたのを見つけ、荼毘に付したのを区切りに、11年4月から店の再建に取り組んだ。

プレハブ3棟12坪の急場の店舗だった。震災や復興関連の写真集を中心に扱い、注文にも対応。並行して学校の教科書納入の作業を行った。避難所に暮らす人々からは、「もとの本屋はいつ再開するのですか」と、励ましと期待の言葉も受け取った。推されるように、12月、自前で30坪のプレハブの仮設店舗を大船渡線竹駒駅近くに開設した。

現在の山十・伊東文具店は、仮設店舗とはいえ50坪の売り場面積があり、コミックスや児童書などが充実している

翌年10月には、経済産業省の中小企業基盤整備事業の補助により、建物の自己負担なしに、現在の仮設店舗に移転できた。地代は市が負担し、5年間は免除されるという。

店内を見渡すと、児童書やコミックスが充実していた。プレハブ店舗でなければ、ごくふつうの街の本屋の品揃えと変わらない。だが、震災関連書のコーナーを見ると、被災地の書店であることをまざまざと見せつけられる。店独自につくった、一本松のポスターや手ぬぐい、Tシャツ、ステッカー、クリアファイルなどの販売コーナーもあった。店長の娘の同級生がデザインしたものだ。「支援していただいた地元の方々にお礼をしたい」と制作したそうだ。

ただ、観光客が少なくなった上に、店舗は奥まったところのため客数が減り、地元客中心になった。書籍、文具、外販が3本柱であるものの、書店業だけでは赤字という。

「商店街がばらばらになり、マーケットが小さくなった。いまは一本松を見に訪れる方もいますが、いつまで続くのかわかりません。現実は厳しい」。が、「どんなことがあっても書店は守っていきます」と伊東さんは前向きだった。

●独立自営で新規開店した書店

２０１１年12月、岩手県大槌町のショッピングセンター

「シーサイドタウン・マスト」では、一頁堂書店が60坪で新規開業した。店長は木村薫さん。自宅が津波に襲われ、勤めていた化学メーカーの工場も流出した。身の振り方を考えている時、つれあいの里美さんの元にマストの事務局と取次から、マスト内での営業再開を断念した書店の代わりに「書店を始めないか」と提案があった。久しく独立自営で書店をはじめたという話を聞かなくなったなか、被災地に新しい書店が誕生したと話題になった。

一頁堂がとりわけ重きを置いているのは参考書だ。震災によって学校の統廃合があったり、鉄道が流されて通学が不便になったり、狭い仮設住宅で勉強もままならなかったりと、子どもらの学習環境が大きく変わってしまった。そんな子どもたちの手助けをしたいと考えたからだ。いまは医大生となった息子の意見も品揃えの参考にした。

「参考書を重点にするのは無理、利益に結びつかないというアドバイスもあったのですが、やれるところまでやろうと考えた。マストを待ち合わせ場所にしている高校生たちが、立ち寄ってくれるようになりました」

もう一つの柱は児童書だ。結婚前、保母だった里美さんは、息子にたくさんの本を読み聞かせして育児に役立てた。その経験をお客さんに伝えたいという思いからだった。棚の前では、読み聞かせの会も開いている。

「家族連れでマストにやってきた小さな子が『ぼく絵本屋さんに行ってくる』と、店に走り込んできた姿を見た時は嬉しかったですね」

さらに、震災で親を亡くした小中高生たちのために、学校の協力を得て店独自の図書券を配布している。被災地の書店だからこその取り組みだ。

ただ書店経営の厳しさもひしひしと感じているという。もともと約1万4000人の人口だった大槌町は、およそ1300人が犠牲になったほか、町外に引っ越したり、住民票を残したまま避難している人がいるので、在住者の実数は7000人前後。客足に大きく影響している。

「経営としてはしんどいですね。売上げを戻そうとしている時に、隣の釜石に、イオンができるのも……。でも、本屋をやって嬉しいのは、お客さまからありがとうという言葉を掛けていただくこと。震災時に生まれた子が高校を卒業するまでの18年間は、書店を続けます」

木村さんは、力強く語った。

（「文化通信」に断続的に掲載した記事を改稿）

長岡義幸　ながおか・よしゆき
⇩39ページ参照。

東京から1時間半で到着する〝マイナー被災地〟
～報道から置き去りにされ風化を懸念する人達

【福島県いわき市／茨城県北茨城市／潮来市／千葉県旭市】

地域一帯で大きな犠牲を出しながらも、報道に取り上げられずに風化が進む事を懸念する住民達。東北の被災地に関心が集まる中、関東の各地でも復興に向けた取り組みが進められている。

渡部 真
●フリーランス編集者

2013年6月、福島県いわき市の久ノ浜で取材をしていると、そこで出会った女性から、「新聞もテレビも、いわきの事を取り上げてくれなくなった」と言われた。久ノ浜地区では、620棟もが建物被害に遭い、沿岸の広い部分が更地になっている。毎日、避難先から久ノ浜に通い津波で浸水した自宅の再建準備をしているこの女性は、同市の被災の実状を「もっと取り上げて欲しい」と訴えた。

それから数日後、偶然にも知人記者の取材チームがいわき市の状況を伝える記事を発表したのだが、そこには〝マイナー被災地〟という見出しがつけられていた。記事の中でいわき市民が、「外の人から見ると、いわきが被災地としてイメージされていないのではないか」と危惧している。

いわき市が14年3月に発表した資料によると、同市は、震災によって455人の犠牲者※を出し、建物被害は1万5197棟。現在も6556人の市民が仮設住宅などで暮らし、市外に避難している人は4760人に上る。同時に、県内「浜通り」を中心に、合計2万2753人もの人が、いわき市に避難してきている。被災地の規模としても、かなり大きなものだ。〝ブランド被災地〟という言葉を使う社会学者の開沼博氏は、被災3県の「報道出現回数」を1つの指標に、岩手県釜石市、陸前高田市、宮城県気仙沼市、南三陸町、石巻市、女川町、福島県南相馬市などを〝ブランド被災地〟と定義している。それによれば、いわき市は「報道出現回数」で全国の被災地の中でも第7位に

※註：本記事に限り、犠牲者数には、死者・行方不明者・関連死者を含む。
建物被害は、特筆してない場合、全壊と大規模半壊を合計した件数で、ここでは半壊件数などは含まれていない。

位置する（『ダイヤモンド・オンライン』13年3月8日掲載）。つまり、いわき市の人達が、被災地としてマイナー感を感じているとしたら、あくまでも印象ということなのだろう。

ただ、報道に対する被災地格差を口にするのは、いわき市民に限った事ではない。「なかなか報道されない」という声は様々な地域で聞かれる。では、「報道出現回数」表にすら掲載されなかった本当の〝マイナー被災地〟の現状はどうなっているのか……。

●関東の津波被災地

13年7月、千葉県旭市で最も被害の大きかった飯岡地区に行くと、沿岸に空き地が点在していた。住宅だった場所が、津波被害に遭って家屋が取り壊されたままになっている。同市は、16人の犠牲者が出た。建物被害は770棟。

堤防を毎日散歩しているという夫妻に話を聞いた。

「すぐそこ、あそこの家が妹の家。ここらの家の1階は全部水に浸かったよ。1階にあった家具や冷蔵庫なんかも全部流された」と話をしてくれたのは、松田克好さん（77歳）だ。隣りには妻の節子さん（76歳）。2人の自宅は3階だったために無事だったが、周辺の親戚の家々は大きな被害に遭ったと言う。

震災当日、地震が発生し、別の場所にいた夫妻は車で飯岡に戻った。しかしその時、同地区はすでに浸水していた。2人は、その様子を少し高台になっている坂から眺めていた。ほどなく、第1波と第2波の水が引き始め、避難していた人達が自宅の様子を見に行こうと沿岸に戻っているところに、これまで以上の大きな津波となった第3波が飯岡を襲い、あっという間に人や車が流されていった。地震から2時間半以上が経過していた。

「（親戚の人に）『もう大丈夫じゃないか』って電話で話したら、『そったらことね。川の水がこんなに引いてるなんて事は今までなかった。もう一回必ず来る』って言われたんだよね。そしたら、ダダーって、すごい音がして津波が来た」（節子さん）

一度は避難所に行った夫妻だったが、自宅が浸水しなかったため、すぐに戻れた。しかし、自宅が大規模半壊とな

毎日、愛犬チビちゃんを連れて散歩しているという松田さん夫妻。津波は夫妻が立つ堤防を超えて、飯岡を呑み込んだ

った妹さん一家は数か月ほど避難所で暮らし、自宅を再建して家に戻った。再建費用に数百万円かかったが、補助金ではとても賄えず大変だったようだ。「別のところに引っ越したくても、こんな場所じゃあ、誰も土地を買ってくれないよ」と節子さんは話す。妹さん一家は、当時、全国から送られて来た支援物資などでとても助かったと言う。

「あの頃は、まだテレビも来たし、炊き出しの人とかボランティアの人も来てくれたんだ」

旭市のことがテレビで報じられる度に支援物資が避難所に届く。それが、生活再建に役立った。しかし、最近は、地元メディア以外で報道される事はほとんどなくなり、散歩していても取材者を見かける事は滅多にないと話す。ここは、今もなお、１００人を超える人達が仮設住宅で暮らしている被災地である。

地域では、震災の風化を防ぐためもあり、「いいおか津波を語り継ぐ会」が作られ、同市を訪れた人達に、語り部達が自身の体験や津波の教訓を伝えていく活動をしている。

●自宅再建まで5年以上を要する

茨城県は、東日本大震災で25人の死者・行方不明者を出した。震災関連死は41人。東北３県に次ぐ犠牲者数である。

２０１４年３月、東関東自動車道を１時間20分ほど走り、終点の同県潮来《いたこ》市で車を停めた。高速の出口から５分ほどの場所、日の出地区は、地震による液状化現象で、道路が細かく波を打つ。路地に入れば大きく破損した道路がむき出しになっている。同月３日、地区の液状化対策工事に関する住民説明会が行われた。それによると、約２２５億円をかけ、地下に排水管などを埋めてポンプで地下水を排出し、今後の再液状化を防ぐという。工事完了は２年後の２０１６年の予定だ。

もともと湿地帯だった同地区が埋め立てられ、１９７７年に「日の出ニュータウン」として新興住宅地が完成した。東日本大震災はここに震度５強の揺れをもたらし、周囲を液状化させた。全壊・大規模半壊の家屋は８７５軒。３０００軒以上が損壊した。

市の職員は「あんまり報道されて、ここの復興が遅れているって思われるとマズいんですよ。むしろ、液状化対策という面では、全国の中でも

工事看板が並ぶ日の出地区の一角。道路復旧、水道復旧、液状化対策の３つの工事が同時に進んでいる

磯原地区の海岸線に沿って走るJR常磐線。津波は線路と陸前浜街道の間にあった家屋を襲い、道路を走っていた自動車を線路の上まで押し流した。今では住宅のあった場所が空き地になり、線路から道路や沿岸が丸見えだ

進んでいるんですから」と解説する。地元メディア以外の取材は滅多にないという。同地区の住民は、液状化対策が終わってから、本格的に家屋の再建・修理をしようと考えている世帯も多く、市としては何とか少しでも早く対策工事を完成させたい意向だ。つまり、震災から5年後に、ようやく自宅再建が可能になる。それまで地域住人にとって震災は終わらない。

◇◇◇

潮来市から県内を北上していくと、沿岸には津波被災の跡も見えてくる。北茨城市では、最大６・７メートルの大津波が襲い、11人が犠牲となった（うち5人は関連死）。

磯原地区に行くと、飯岡と同様に、沿岸部の家屋を取り壊した跡が空き地になっている。

近くの観光産業で働く男性は、「あの辺りは家があったけど、全部津波でやられた。線路のあたりまで津波がいったから。写真撮ってる人は結構いますよ」と教えてくれた。

すぐ近くに童謡の作詞家・野口雨情の生家があるが、そこも津波で床下浸水した。その生家を訪れる観光客達が、沿岸の津波被災の跡を撮影していくらしい。取材者が地元の人に話を聞いて回っている姿はあまり見かけないと言う。「高台移転とか、災害公営住宅とか、そっちの方が話を聞けるんじゃない。最近、そっちの関係で久しぶりにニュースになってるから」とも話す。

北茨城市では、14年3月14日から災害公営住宅への入居が始まった。同市では、合計１００戸の災害公営住宅が３月中に完成する。当初の予定よりも希望者が増えたため、さらに34戸を増設する予定だ。被災地の中では比較的早く災害公営住宅の入居が始まったため、復興の明るい話題として報道でも取り上げられた。

◇◇◇

東京・上野を起点にすると、飯岡や潮来まで、高速道路を経由しておよそ１００km、１時間半。磯原まで、高速道路をつかって１６０km、約2時間。福島県の久ノ浜でさえ２１０km、２時間半ほどで到着する。日帰りで数千円をかけるだけで、被災地取材は十分にできる。

そんな〝マイナー被災地〟で暮らす人達は、自分の地元が全国的な報道から取り残され、風化していく事を懸念しつつ、少しずつ復興に向っている。

【宮城県仙台市】

儚《はかな》くも消えた国分町のバブル景気

～東北最大の繁華街は本当に好景気に湧いていたのか？

渋井　哲也

●フリーライター

震災後、他の被災地からの避難に加え、復興関連の人口流入などにより、バブル景気に沸いていると囁かれた仙台市国分町。東北最大の歓楽街のその後を追跡した。

東北最大の歓楽街・仙台市の国分町《こくぶんちょう》――。震災から1週間後、市内では被災した人たちの避難生活も落ち着かず、未だインフラが復旧しない地域も多いなかで、この国分町では、キャバクラやスナック、ガールズバーが開店し始め、震災の復旧作業や支援活動のために東北を訪れる人たちで賑わいを見せていた。

震災後の仙台市は、人口が大幅に増加している。総務省の2012年の住民基本台帳人口移動報告によると、仙台市の転入超過は9284人で、東京23区に次いで多かった。仙台市宮城野区は1000人を上回る転入超過だ。他の地域からの被災者と復興関連による人口流入が増える一方で、転出者が減った。宮城県を見ても、東北6県で、唯一人口が増えている。震災被害がとくに大きかった3県のなかでも、岩手、福島の両県が人口減少に転じたのとは対照的だ。泉区や青葉区、太白区など比較的震災の影響が少なく、交通の便もよい中心部ではマンション建設が相次ぐ。仙台駅東口の再開発も進んでいる。駅前の大型家電量販店の競争も激化している。こうした仙台の景気が東北全体を引き上げる要素ともなっている。

そんな仙台市内の人口増が、地域経済のパイを広げた。〝震災バブル〟ともいえる現象が起こり、宮城県警によると、震災前は約600軒だった県内のキャバクラ店舗数が、1年で761軒にも増加した。

「阪神大震災の後でも、震災復興の関係者たちのお陰で飲

一時は全国から多くの業者がキャバクラ等の飲食店に参入していたが、すでに国分町は平常モード

食店やキャバクラが儲かったので、東日本大震災でも多くの人が来る。だから、ここでお店を出そうと思ったんです」

そう語るのは神戸から出店した店舗のキャッチ（※客引き業者の事）だ。このキャッチの男性は、福島県いわき市から避難して来たと言う。どうせ避難するのなら遠い場所と思っていたところ、求人しているのを見つけて仙台に来て働いている。

〝震災バブル〟で人材不足だったのか、高校生を客引きに雇っていた店舗もあったようだ。2011年10月、仙台中央署が仙台市内の高校生（16歳）を県迷惑防止条例違反の疑いで逮捕した。国分町内で「キャバクラいかがですか？」と声をかけていたところ、声をかけた相手が警察官だったために発覚した。高校生は「フリーの客引き」を名乗っていた。

◇◇◇

もちろん、調子の良い店ばかりではない。当初の〝震災バブル〟の噂を聞き付けて他の地域から参入した栃木県の業者は、なかなか経営がうまくいかないと話す。

「いやぁ〜、バブルをあてにしてきたんですが、出遅れた感じがしますね」

11年夏に国分町に出店したが、実は、この頃から、復旧・復興のために東北に来ている作業員が、徐々にお金を使わなくなってきていた。馴染みになった客から「東京オリンピックがあるので現場を移る」と言われたキャバクラ嬢もいる。

国分町にはそれなりに客が訪れてはいるが、出店数が増えるとともに競争が激しくなってきた。こうなるとバブルとは関係なく、生き残りのためには馴染みの客をどれだけ引き寄せる事ができるかが必須となる。

◇　◇　◇

すすきの（北海道札幌市）から進出して来たキャバクラ店は、働いている女性もほぼ札幌出身。あるキャバクラ嬢は「半年は働いてくれ」と言われて仙台にやってきた。当初は一時的だと思った事から、マンスリーマンションを短期で借り、時おり札幌と仙台を往復していた。しかし、一年を過ぎても仙台に滞在し続け、結局、住まいを本格的に仙台に移したという。

すすきののキャバクラと言えば、東京と比較すると料金相場が低い事で知られている。すすきので言う「キャバクラ」は、東京の「セクシーキャバクラ」の事。露出度合いも大きくなるのだが、それが1セット（店舗毎に設定された時間。多くの場合は40分〜60分）数千円だ。東京からすすきのに訪れる人は、この料金相場をありがたいと感じている。一方、国分町では東京と同じような料金相場だ。そのため、すすきので働く「セクシーキャバクラ嬢」からすれば、国分町の方が客単価が高く稼げる。

とはいえ、国分町の夜を舞うキャバクラ嬢たちにとっても、競争は激化している。出会い系サイトやSNSなどに登録する、いわば「ソーシャル営業」も珍しくなくなった。出会い系のサイトやアプリに登録しているキャバクラ嬢もおり、親しくなる前から身分を明かし、「お店に来て」とメッセージを送ったりする。

一方、他の地域からやってきたキャバクラ嬢たちには、客の相手をしている最中に、ある共通の悩みを感じていると言う。それは震災体験を持っていない事だ。同じく東北以外から国分町に訪れる客たちから、当時の様子を聞かれるらしい。「せっかく仙台に来たのだから」と震災の話を聞かせて欲しいと望む客がいるようだ。

◇　◇　◇

週末の国分町を歩いていると、たしかに人気店では待ち時間ができるほど来客が多い。大手の店舗は案内所やネットでの広告、キャッチの力によって今でも集客力を保っている。しかし、大規模な宣伝や客引きに投資ができない中小の店舗では、まるで〝震災バブル〟なんて存在しなかったかのように寂しい様相だ。まさに泡の如く、バブル景気は一年も経たずに儚くも終わったという感である。

なお、東北の実体経済と、国分町経済の関連性は不明である。

震災から丸３年となった2014年3月11日、岩鼻金男さんは、釜石市鵜住居地区防災センターの目の前にあった自宅跡で、亡くなった娘・美沙紀さん（当時16歳）と母・八重子さん（当時71歳）に向け、地域に伝わる伝統芸能「虎舞」のお囃子の笛を捧げる。後ろは防災センターの跡地。今年２月に解体が完了した（撮影：岩手県釜石市／渋井哲也）

震災のなかの子ども達

渋井 哲也

あの日から子どもたちの笑顔があった。その一方で多くのものを失っていた。家族、友人、地域、学校……。慣れない避難生活でストレスもかかる。置かれている状況で課題が違う。一人ひとりに丁寧に向き合うことが必要だと感じながら取材した3年間だった。

撮影：2011年4月16日
宮城県石巻市大街道

撮影：2011年4月2日／宮城県気仙沼市本吉町

撮影：2012年5月20日
／岩手県宮古市重茂半島

撮影：2011年7月26日／宮城県石巻市青葉中避難所

撮影：2011年12月26日／福島県相馬市仮設住宅

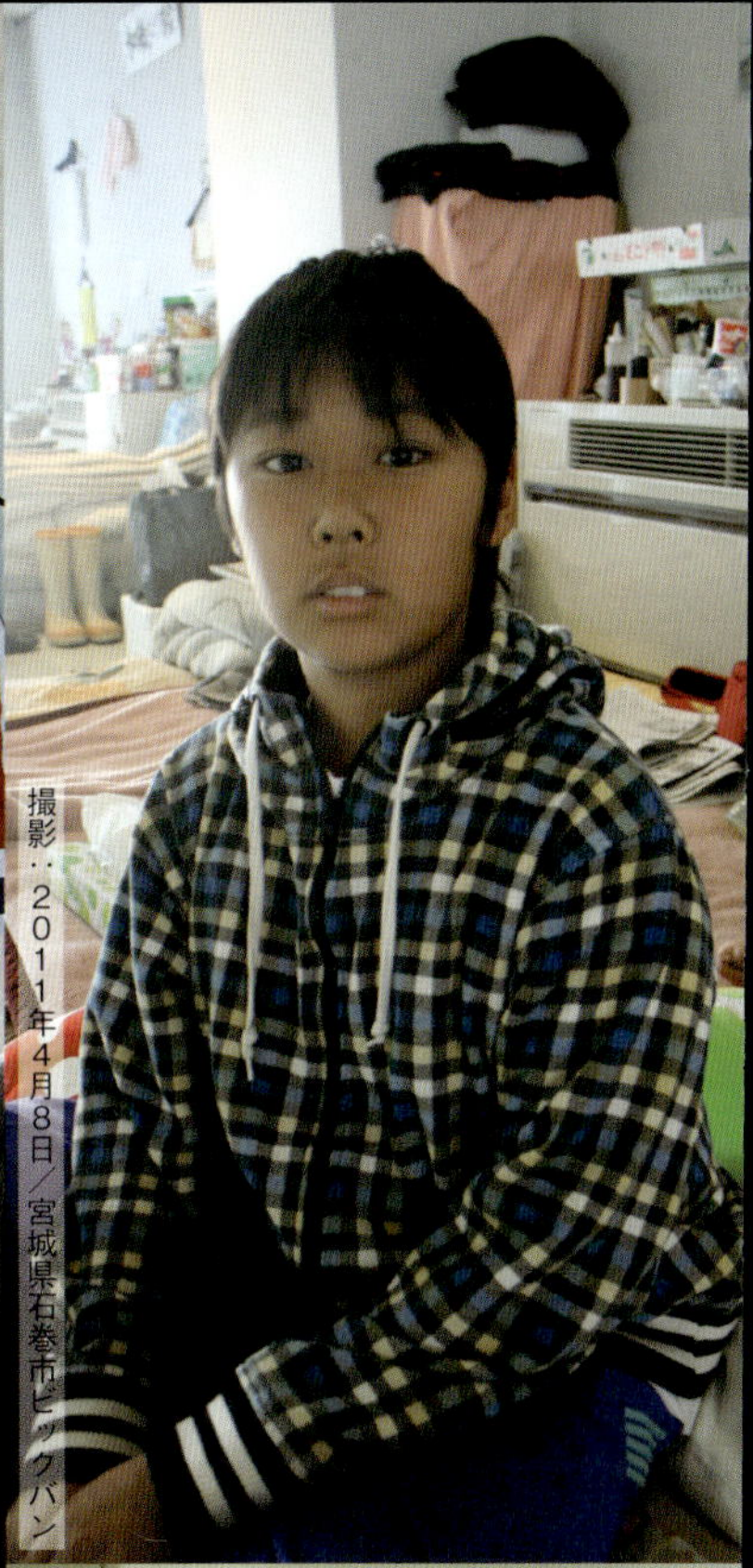
撮影：2011年4月8日／宮城県石巻市ビッグバン

撮影：2011年3月31日／七ヶ浜町まつかぜ児童館

撮影：2011年4月2日／宮城県気仙沼市本吉町

撮影：2014年1月14日／福島県いわき市仮設住宅

足を運ばなければ見えないもの

太田 伸幸

３・11からちょうど3年を迎えようという3月上旬。阪神淡路大震災以来のボランティア仲間である友人と2人、岩手県から宮城県にかけての沿岸部を車で周った。

ちょうど、本書の入稿作業の真っ最中。時間はなかったが、次々と上がってくる記事に目を通しながら、その内容をどうしても被災地の地理的な空間と結びつけてイメージしたかったのだ。

再開通したばかりの常磐道広野から富岡までの区間を抜け、東北道に戻って盛岡から宮古、そして沿岸部を南三陸へ。駆け足というより、ほとんど移動のみに時間を費やした旅であったが、改めて感じるところが多かった。

多くの読者にとってもそうだろうが、東日本大震災は、東京に住む僕にとって、極めてイメージし難いものだった。あまりにも広大な被災地域。東京からの時間的な距離。ニュース映像で流れ、報道される街々のほとんどは、僕が訪れた事のない場所だった。

誤解を恐れずに言うと、被災地の情報を外国の出来事のように感じていたのだ。

OHTA Nobuyuki

震災直後に初めて福島の沿岸部を訪れた時に見た光景は衝撃的だった。原発事故によって遺棄された町で言葉を失った。福島のリゾート施設で避難生活を送っていた、野外で遊べない子供たちの明るさ。石巻市に入った時に街を被っていた臭い。雄勝の仮設住宅の「炊き出し」に参加した時は、沿岸部を走って、初めて集落が「孤立」する事がリアルに感じられた。

今回、岩手県の沿岸部を走る事で、東京から、あるいは仙台からの空間的な距離を実感するとともに、切り立ったリアス式海岸に距離を置いて点在する街々の広さや表情、3月上旬の被災地の寒さを体感する事ができた。足を運ぶ事で、被災地の様々な情報が自分の中でリアルな物になるのだ。と、同時に、被災地の「生活」を垣間見る事で、「復興」を都市住民の感覚で考えてしまう事の危険性を思い知る。

「被災地観光」でいい。色々な意見があると思うが、僕は、福島を含めて、被災地ではできるだけ現地の産物を食べ、野菜などをお土産に求める。

震災以降、何度か足を運ぶ中で、僕は観光地としての東北沿岸部の魅力に気がついた。

暖かくなったら、オートバイでツーリングに出かけようと思っている。

岩手県陸前高田市の「奇跡の一本松」へ行くと、すぐ近くに巨大な橋が架かっていた。といっても、人間が渡るための橋ではない。写真中央に写る山の中腹は、被災住宅の高台移転地とするために造成工事が行なわれているが、そこから排出される土砂を、市街地へと運ぶためのベルトコンベヤー専用橋だ。総延長は約3kmにもなる。運ばれた土砂は、市街地のかさ上げに再利用される。「奇跡の一本松」とともに、新たな名物として「希望のかけ橋」と呼ばれている（撮影：2014年3月9日）

浪江の牧場にて、出会った頃、マスクを着けていた時期の吉澤さん。当時はまだ線量計が手に入らず、放射能の影響が自分達の身体にどれ程あるかわからない中で、互いの緊張感を感じながら取材をしていた。2週間後に再会した時、吉澤さんはマスクを着けるのをやめていた。それ以降、筆者も警戒区域でマスクをするをやめた。さらに、２か月後の2011年6月、吉澤さんがようやく手に入れた簡易線量計で牧場内の空間放射線量を計ってみると、胸の辺りで毎時15 ～ 16マイクロシーベルトという数値だった（撮影：2011年3月31日）

出会った人達に魅力を感じながら

渡部 真

2011年3月下旬、原発事故から約2週間後、住人が避難し誰もいなくなったはずの「20㎞圏内」に人がいると聞き、渋井氏とともに福島県浪江町にある牧場を訪れた。

「あんた達、誰？ 線量計持ってるかい？」

そう声をかけてくれたのが、吉澤正巳さん（60歳）だ。

その後、吉澤さんは「希望の牧場」というプロジェクトを立ち上げ、旧・警戒区域で放置された牛を生かし続ける活動を始めた。保護された牛が生きていても、肉牛として出荷されたり、搾乳した牛乳や乳製品が出荷されたりする事はない。経済価値は〝0《ゼロ》〟になった。しかし、吉澤さんは「牛屋《べこや》の意地」で牛を生かし続ける決意をしている。

そうした活動に対する評価は、地元でも地元以外でも、賛否が分かれている。吉澤さん個人の言動も物議の対象になる。時おり、筆者の元にも、活動や言動を疑問視する声が届けられる。しかし、ここで吉澤さんの評価をどうこうしたいわけではない。

◇　◇　◇

この3年間、たくさんの人達と出会った。その中には、定期的に再会して酒を飲み交わし、話を聞かせてもらっている人達がいる。もちろん自分とは違う考え方の人も少なくない。しかし、そんな一人ひとりに魅力を感じている。だからこそ、再び話を聞きたくなる。

震災取材をする際、取材者は基本的に、そこで生きる人達の言動の是非を評価する立場にはない。もちろん、政治・行政の動きや、そこで起きた様々な事象について評価する事はある。また、課題や展望を自分なりに評価して伝える事も重要だ。しかし、そこで暮らす人達の生き方を黙って見続ける事も大事だと筆者は考えている。取材者は当事者ではない。外野から余計な事を言う気にはなれない。

◇　◇　◇

出会った人達から、もう一度話を聞きたい――これからも、そんなモチベーションで取材を続けようと思う。

約300頭の牛が保護されている「希望の牧場」は、福島第一原発から約14㎞（撮影：2014年1月20日）

WATABE Makoto

第4章

災害の中で過ごした子ども達

津波や原発事故の影響で校舎が使えなくなった学校では、
別の場所に仮設校舎を建てて授業を再開しているケースも多い。
宮城県石巻市立渡波小学校は、震災後の授業再開から4か月間、
別の学校の空き教室を利用していたが、2011年8月に仮設校舎が完成した。
2014年4月からは元の校舎に戻る予定となっている。
（撮影：2013年9月30日／渡部真）

大川小事故検証委員会は検証できない!?
~1年かけて検証した内容は2年前からわかっていたものだった

渋井 哲也 ●フリーライター

【宮城県石巻市】

震災後の対応に、遺族達は市教委への不信感を募らせていった。そんななか2年経って立ち上がった第三者検証委員会。市予算5700万円を投入した検証結果は、委員長が「皆さんの知識にようやくたどり着いた」と認めるお粗末さだった。

2014年3月1日、震災から間もなく3年を迎えようとしていたこの日、宮城県石巻市では、大川小学校事故検証委員会（委員長＝室崎益輝神戸大名誉教授。以下、第三者検証委）が、亀山紘市長に「大川小学校事故検証報告書」（以下「最終報告書」）を提出した。

全校児童108人のうち74人、教職員13人のうち10人が犠牲になった石巻市立大川小学校（当時、柏葉照幸校長）。地震発生時、学校にいた児童は103人。地震のあとに保護者などに引き取られた27人は全員が助かっている。一方で、地震後も教師らとともに避難行動をとっていたとされるのは76人（地震後に保護者が避難などで学校に来ていても、そのまま学校周辺に留まった児童を含む）。そのうち69人の遺体が発見され、いまも行方不明児童が3人いる。

東日本大震災の影響で亡くなった小学生は223人で、うち宮城県では167人、さらに石巻市では125人（12年9月13日現在。文部科学省発表。行方不明者を除く）。東北3県の約33%、宮城県内の約44%、石巻市内の59%の死亡が大川小児童に集中している。

また、学校管理下でみれば、独立行政法人「日本スポーツ振興センター」によると、13年5月現在、保育園・幼稚園児から高校生まで、3県で死亡したのは218人、うち宮城県で167人（小学生は142人）。ただし、学校管理下というのは、学校の敷地にいる時だけでなく、登下校時も含まれる。一方で犠牲になった大川小の児童のほとんどは、教職員との避難行動の最中に津波に遭った。「最終報告書」は、宮城県内で下校途中を除く学校管理下での犠牲は74人であり、大川小以外は1人だけだと指摘する。学校管理下でこれほど大きな犠牲は「世界的にも例がないのではないか」（委員の一人、数見隆生・東北福祉大学教授）とも言われている。

●なぜ校庭にいつづけたのかを知りたい

津波に襲われた大川小学校の校舎

なぜ、ここまで被害が大きかったのか。また、なぜ自分の子どもが亡くならなければならなかったのか。それを知りたいと訴える遺族たちがいる。

中村次男さん（39歳）とまゆみさん（40歳）夫妻は、第三者検証委の傍聴に何度も足を運んだ。

次男さんは言う。

「仕事の関係で日曜日しかいけない。マスコミが来るから傍聴には行かないという人もいるが、私はマスコミに来てほしい」

震災直後、石巻市教育委員会が、事故について遺族への説明会を開いた。マスコミには非公開だったが、説明会後、市教委は記者たちの取材に「遺族には納得していただいた」と話した。しかし次男さんの反応は違った。

「納得なんてしてないです。市教委は常識が通じないのかと思った。だから、検証にはマスコミも入れて事実を発信してほしいと思っている」

◇　◇　◇

震災当日、次男さんは石巻港近くの職場にいた。地震後、津波が来るだろうと考え車を走らせた。途中、まゆみさんの実家に立ち寄り、家族の無事を確認した後、自宅のある石巻市尾崎《おのさき》地区へと急いだ。尾崎地区は、新北上川の河口付近に位置する。ところが、大川小のある釜谷《かまや》地区よりもずっと手前から通行止めになっていた。尾崎に行くためには、新北上川沿いに釜谷を通って行かなければならない。

一方、まゆみさんは自宅近くの工場で働いていた時に地震が起こり、津波警報が鳴ったため高台の寺に向かった。

「私は津波は見てないんですが、『助けて』という言葉は聞こえました」

尾崎地区は、地震の影響で橋の袂が崩れて車が通れなくなった。また、津波による浸水と地震による地盤沈下の影響で、市内へと続く道路が水没してしまい、完全な孤立状態になっていた。そして、まゆみさんと次男さんは連絡が取れなくなった。

翌日、次男さんは、大川小へと向った。そして、3年生だった娘の香奈ちゃん（9歳）を発見した。

「ランドセルは背負っていなかったが、ヘルメットをかぶり、ジャンパーも着ていた。靴もしっかり履いていた。ベニア板を見つけてその上に娘を寝かせ、ビニールシートを被せました」

次男さんは、香奈ちゃんを、遺体安置所まで運んだ。

◇　◇　◇

当時の尾崎地区には、子どもが10人（8世帯）いた。そのうち1人は、学校を早退していたために助かった。他の8人が大川小で津波に遭って犠牲となっている（あとの1人は行方不明）。それに対して、大人の犠牲者は2人だった。

「普通に避難していれば助かっている。『地元から子どもがいなくなってしまった』って市教委に伝えているが、なかなか通じない。子どもの大切さをわかっているのか？　これでは、また同じような事を繰り返すのではないか？」

中村夫妻のみならず中村家にとっても、香奈ちゃんは唯一の子どもだった。次男さんは、「娘の死に納得できない。どうしてこうなったのか？　どうして帰ってこないのか？」と、娘が亡くなった理由を知りたいと言う。まゆみさんも、同じように話す。

「娘は先生と一緒だから大丈夫だと思ってた。ラジオでも交流会館に避難したって情報が入っていた。数日経ってから大川小へ見に行くと、『子どもたちはダメだった』と言われた。最初は、避難途中に亡くなったのかと思ってたんです。でも、だんだんといろんな事がわかり、子どもたちは逃げ遅れてた。なんで50分近くも校庭にいたのかを知りたい。それだけでいい」

●生存児童へのヒアリング

第三者検証委は、2013年2月に発足した。前述したように、市教委の事故対応や検証に対して疑問を持っていた家族や関係者の求めに応じて、約2年経ってから第三者委員会として設置された。

5か月後の7月、第三者検証委は「中間報告書」を発表するが、当日の学校の避難行動の様子をほとんど掲載しなかった。設立当初から、それまで市教委や遺族たちが集めた情報を「ゼロベース」で調査・検証し直すと表明していたが、中間報告の段階では、生存した児童や生存教員の聞き取り調査も行っていなかった。当日の避難行動の「核心部分」には、周辺情報をすべて集めてから迫るとしていた。

◇　◇　◇

大川小の学校管理下にいて、津波に流されながらも生存した児童は4人。そのうちの1人が、只野哲也くん（当時5年生）だ。

突然の大きな地震。5年生の教室では、帰りの会をしていて「さようなら」を言う前だった。机の下に隠れた後、5年生たちは校庭に出た。校庭には、地域の人たちも集まって来ていた。大川小の3年生だった妹の未捺ちゃんもいた。

「山さ、逃げっぺ」

別の児童がこう言った。同じく山へ避難した方が良いと考えた教員もいたようだが、裏山への避難は否定され、次の行動をどうすべきか決まらずに、校庭での待機が続いた。

この間、哲也君の母・しろえさん（当時41歳）が、2人を迎えに車で学校に来ていた。しかし、未捺ちゃんの荷物を引き取ったあと、しろえさんは一人で一旦、自宅へと戻った。自宅は学校よりも800ｍほど河口側にあった。

地震から50分が過ぎた頃、教頭が「津波が来たので早く移動してください」と言った。新北上大橋の近くの「三角地帯」へと向って、児童と教師たちが避難を開始した。「三角地帯」方面へと向う道を歩き、川に近づいて行く。しかし、歩き始めてまもなく、新北上川を逆流して来た津波に襲われた。津波に流された哲也くんは、やがて気を失い裏山で目が覚めた。しかし、しろえさんと未捺ちゃんには、再会する事ができなくなっていた。

◇　◇　◇

哲也君の父親・英昭さんは、「中間報告書」が発表される前、こう言っていら立ちを漏らした。

「息子と他の遺族とで、委員に思いを伝えるために、検証委の会議室に行って、若干の聞き取りを受けて来たんです。委員の先生方は、子どもたちのストレスを少なくするためにも、地域住民の聞き取りをして、まとめた上で、子どもたちには本当に確認しないといけない事だけを聞き取りたいって言います。その趣旨はわかった。でも、息子の思いを伝えたい。さんざんテレビとか出ていますし、ちゃんと検証してほしいという息子の思いがある。でも委員からは連れて来てほしくないと言われたんです」

哲也くんの聞き取りは、秋になってから室﨑委員長や事務局が自ら行った。しかし、聞き取った内容は非公開で、詳細な事実を聞いた形跡はない。

●遺族と検証委の埋まらないギャップ

地震が発生した後、なぜ危機意識が低かったのか。「最終報告書」では、主に次の要因などを指摘している。

●「正常性バイアス」による楽観的な思考

●動揺する児童や一部の保護者を落ち着かせようとした事

●地域住民が校庭や近くの釜谷交流会館に避難してきた事や、児童を引き取りにきた保護者が校庭に残っていた事

●ハザードマップで予想浸水域外であった事

こう指摘した上で「少なくとも校庭からの避難を意思決定した時点では、大きく切迫した津波襲来の危険性を感じていたのではなく、念のために避難を決定したものであったと考えられる」とした（「最終報告書案」100ページ）。

避難先は、「校舎2階」「裏山」「三角地帯」「釜谷トンネル方面」の選択肢があった事が考えられる。しかし、津波が10mとの警報があり、校舎の2階では低すぎる。また裏山は過去に崖崩れがあり危険と考えられていた。釜谷トンネルは、三角地帯の先にある。まずは三角地帯まで行けば、その先にも避難できる。こうした思考が働いたのではないかと推測している。

教職員集団の対応については「積極的な情報収集が行われていたとは言い難く（中略）マニュアルに定められた本部としての対応は必ずしも十分に行われていなかった」と記された（同104ページ）。

これらの検証をもとに、「最終報告書」では、今後の教訓として、24の提言がなされている。

◇　◇　◇

第三者検証委は、13年秋以降、遺族と意見交換会や説明会を行った。その一幕にこんなやり取りがあった。

遺族「（最終報告書案の）提言の中に『単に指示に従うのではなく』とある。学校外であればいいが、学校管理下で先生と一緒にいるのなら待つしかない。今回は大人の判断ミスだったのではないか。子どもは逃げたがっていた」

委員「事故には背景要因が他にもある。背景要因を持っている学校のリスクを減らす事ができる。私たちは一つの事例から広げて、共通するリスク要因を拾い上げて、提言をあげている」

このやり取りが、傍聴している遺族と第三者検証委の間にあるギャップを、端的に表していた。津波が来るまでの50分間に何があったか詳細を知りたい遺族側と、事故から

今後の教訓となる部分をすくいあげたい第三者検証委側。両者の意識は平行線をたどっていた。

遺族が「ここに出ているものはすでに2年前にわかっていた事」と訴えると、室﨑委員長は「事実とデータを集めた。(1年検証して)皆さんが持っている知識にようやくたどり着いた」と答えた。「ゼロベース」で検証を行えば、1年では追いつくのが精一杯というのは当たり前の結論だった。

遺族説明会が開かれた2014年2月9日、室﨑委員長は記者団に対して、「ギャップは埋められなかった」と話した。

囲み取材で記者の質問に答える室﨑委員長

◇　◇　◇

遺族からは、最終報告の検証内容についても、その不十分さを指摘する意見がいくつも出された。もちろん、この事故の検証には難しい部分もある。しかし、検証過程の資料には非公開とされているものが多く、検証方法やその内容が適切なものだったかどうか、外部から判断できない状態だ。例えば、震災当時、学校にいて唯一生存した教員へのヒアリング内容。事故後に精神的な問題を抱えているとして、主治医の指示のもとにヒアリングが行われたが、その具体的なやり取りは非公開である。

第三者検証委が、市教委に提出するのは、「最終報告書」だけとなっている。室﨑委員長は、遺族・保護者や記者からの質問に答え、一度は「最終報告書」以外の資料はすべて破棄できるとしていたが、その後、非公開を前提に、別の機関に保管を依頼するとした。ただし、第三者検証委が、日常的に情報交換・意見交換を行って来たメーリングリスト(電子メールによる会議)については、「私的なものがある」として、その記録を保存しないとした。

このままでは、「最終報告書」の内容も、第三者検証委のあり方も、十分に検証ができないままである。

遺族の一部は不満を感じ、「津波は予見できたのに、子どもたちを安全な場所に避難させなかった」として、請求権の時効直前となる2014年3月10日、市などを相手に仙台地方裁判所に提訴した。

大熊町から長野県に避難した少女の3年

～福島第一原発から3㎞の自宅で行方不明になった妹を捜して

尾崎 孝史 ●写真家

【福島県大熊町】

あの日、津波で家を流され、最愛の家族を喪った少女、舞雪さん。原発事故により、妹を探すこともかなわないまま、彼女は避難先の長野県で中学生になった。いま、故郷から遠く離れて彼女が想うことは……。

雪深い信州の山里で、父と2人、肩を寄せ合って暮らす少女がいる。木村舞雪《まゆ》さん、13歳。福島県大熊町出身の中学2年生だ。

舞雪は震災のとき小学校4年生だった。2階から海が見える自宅で、祖父母、両親、妹と6人で暮らしていた。

２０１１年3月11日――。あの日、舞雪は妹の汐凪《ゆうな》と一緒に登校した。標高50ｍほどのところにある小学校に着くと、「じゃあね」と声をかけてそれぞれの教室に向かった。

その7時間後、町は大きな揺れにみまわれた。

私は校舎の2階にある教室にいました。授業が終わって、帰る準備をしているときに地震が来ました。窓際の水槽が落ちて割れたのを覚えています。

「外に出ろ！」と先生が言ったので、みんなで階段を降りて外に出ました。校庭にはヒビが入っていました。

その後、じいちゃんが来て、「ばあちゃんを迎えに行くから待ってろ」と言いました。

地震が起きた時、祖父の王太朗《わたろう》さんは舞雪を迎えにくる途中だった。祖母の巴《ともえ》さんは自宅にいた。父の紀夫《のりお》さんは富岡町の養豚場で、母の深雪《みゆき》さんは別の小学校の給食室で働いていた。

妹の汐凪は小学校の前にある児童館で遊んでいた。15時

震災が起こった2011年の年賀状。左が木村舞雪さん、右が妹の汐凪ちゃん。中央に愛犬のベルがいる

すぎ、心配してやってきた王太朗さんを見つけて駆け寄った。2人は車で自宅に向かった。

その30分後、巨大津波が浜を襲った。

じいちゃん、どこ行ったんだろう。汐凪とお母さんはどこにいるんだろう。3人でどこかで泊まってるのかな。

夜、舞雪は避難場所として指定されたスポーツセンターの駐車場にいた。巴さんと2人、車の中から闇を見つめることしかできなかった。

王太朗さんと汐凪が乗った車は自宅につくところを目撃されていた。深雪さんは愛犬のベルを気遣って自宅に向かったという。紀夫さんは自宅が津波で流されたことを知り、懐中電灯1つで家族の捜索を続けていた。

「こちらは防災おおくま広報です。全住民にお知らせいたします。避難指示が出されました。速やかに移動することができるよう、皆さん1人1人の落ち着いた行動をお願いいたします」

3月12日午前6時すぎ、役場の防災放送が流れた。舞雪の自宅から3㎞のところにあった東京電力・福島第一原子力発電所。そこから放射能が漏れ出たことを受けての指示だった。

「いまは生きてる者の命が大事だぞ」

行政区長の言葉を聞いた紀夫さんは、やむなく町を離れる決断をする。舞雪の故郷はバリケードでふさがれた。家族の捜索は叶わなかった。

次々と爆発する原子炉建屋。舞雪たち3人は目に見えない放射能から逃れようと西へ向かった。辿り着いたのは母の実家がある岡山県美作市。舞雪はそこで家族の帰りを待つことになった。

同年4月29日、自宅のそばで王太朗さんが発見された。6月2日には、いわき市の海で見つかった遺体が母だと確認された。

「やっぱり、お母さんだったよ」と父から聞いて、私はベッドで泣きました。でも、見つかったのは嬉しかった。どこにいるのか、ずっとわからなかったから。

年を越えても妹の汐凪は発見されなかった。思い出いっぱいの大熊町に入ることも、妹を捜しに行くこともできない舞雪。夢の中に妹が現れた夜のことを覚えている。

汐凪は私に向かって、「早く来てよ」って呼んでいました。「早く遊ぼうよ」って。私から汐凪へは声をかけなかったです。

ジェットコースターで遊んだのが最後で、その後、車に乗って帰りました。

車には家族全員がいました。運転席にはお父さん、助手席にはお母さん。その後ろにはおじいちゃんとおばあちゃん。一番後ろの列で、汐凪が私の隣に座っていました。汐凪は何かとても楽しかったみたいで笑顔でした。

中学生になった舞雪さん。避難先の長野県白馬村にて

２０１３年春、舞雪は中学生になった。避難先は長野県の白馬村だった。放射能の影響を気にしなくてもいいこと、福島と岡山の中間にあること、自然に根ざした暮らしがしたいこと。それらを考慮して父が選んだ。

これまで舞雪は震災について話したがらなかった。「舞雪さんを取材させて欲しい」と記者から依頼が寄せられても、全て断ってきた。それはなぜなのか聞いてみた。

あの日のことを思い出しちゃうからです。妹や母が津波で流されるイメージを。どこに行っても思い出すんです。特にふとんの中にいる時かな。そういうときは……忘れるようにしています。

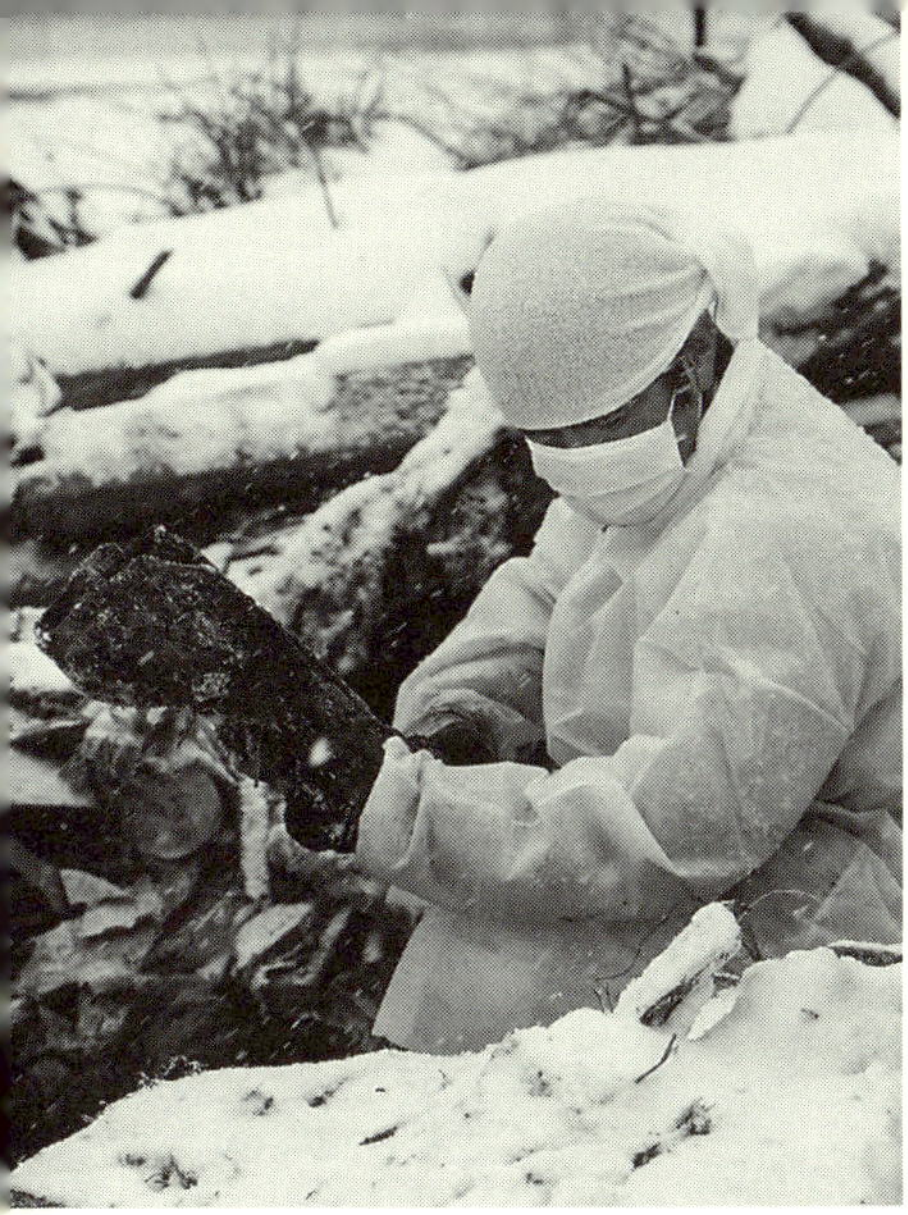

雪の中、汐凪ちゃんの手がかりをさがす父親の木村紀夫さん。この日、かれきの中から汐凪ちゃんの毛布入れのカバンと舞雪さんの上着が見つかった。政府は、木村さんの自宅周辺を中間貯蔵施設の緑化緩衝地帯として国有化し、埋め立てる方針を示している。「ここを埋め立てられてしまったら、娘を捜せなくなる」と紀夫さんは憤る

いつかは大熊に帰りたいです。戻れたら友達と海で遊びたい。でも、いまは帰れない。ガンになるから……放射能で……

最近、舞雪は母が得意だった料理に興味を持ち始めた。レシピを頼りに1人でクッキーを作ったこともある。これから少しずつレパートリーを増やしてお父さんに喜んでもらいたいと思っている舞雪。汐凪の大好物だった肉じゃがにはまだ挑戦していない。

あれから汐凪の夢を見たことはありません。今度、夢で会えたら声を掛けたいです。「汐凪、どこにいるの？」って。

尾崎孝史　おざき・たかし
１９６６年、大阪府生まれ。写真家。主に沖縄、中東を撮影。震災以降、福島を継続取材する。２０１２年10月、福島第一原発構内取材で代表スチール担当。２０１３年11月「汐凪を捜して　原発の町 大熊の３・11」（かもがわ出版）を出版。

木村紀夫さん一家と大熊町の２年半を追ったドキュメント「汐凪を捜して　原発の町 大熊の3.11」は、かもがわ出版から発売中

震災遺児としての思いを伝えたい

～震災孤児・震災遺児へ必要なサポート

渋井 哲也 ●フリーライター

【岩手県宮古市】

高校の部活動中に被災し、母親と避難する途中で津波に呑まれた少女。彼女は奇跡的に助かるも母親は帰らぬ人となった。苦しみを越え、彼女は自らの思いを人々に伝えようと心に決めた。

●母親と避難している時に津波に呑まれる

「自分の体験をできるだけ伝えたい」

こう話すのは大学生の山根りんさん（19歳）。筆者が東京経済大学で震災関連の講演をした時、特別ゲストとして参加してくれた際の発言だ。

岩手県宮古市出身の山根さんは、地震発生時、通っていた高校のグラウンドで部活動をしていた。当時は高校1年生。春休み中で、もうすぐ2年生になるところだった。部活はソフトボール部、打順は4番を任されていた。

大きな揺れがあり、グラウンドは液状化した。部活は中止となり、母親のゆかりさん（当時43歳）が迎えにくる事になった。

「こんな事も起きるんだ」

そう思いながらも、津波が来るとは考えなかった。大津波警報が鳴った。津波の高さは「10ｍ」とアナウンスされていた。そんな高さの津波は想像もしていない。

「これまで注意報があっても、地震が大きくても、津波はこなかった。家には帰れるだろう」

間もなく迎えに来たゆかりさんが運転する車に乗り、自宅に向かった。高校と自宅は宮古湾の対岸。国道45号からJR山田線の津軽石駅方面に南下し、県道41号線に左折するのが帰宅ルートだ。この帰宅ルートは高校より低地を走る事になり、海から離れない事になる。

現在、大学生になった山根りんさん

家に帰る途中にコンビニに立ち寄って、飲み物を買おうと思っていた。しかし、コンビニで買い物をしている最中に、「津波が来るぞ」という声が聞こえた。ところが、堤防があるため、海面が見えず、津波の規模がどの程度かはわからない。万が一のためと、2人は高台へ逃げる。国道45号を山側に渡ると、JR山田線の線路があり、そこがやや高台になっていた。

「第一波は堤防であふれていた。でも、これ以上はもう来ないと思っていた。母は何も喋らない。私が『大丈夫だって』と言うと、母は『うん』と言って手をぎゅっと握った。山田線に登った時、周囲の人は走るっていうよりは歩いていた。そこに第2波が来て呑まれたんです」

津波に呑まれたりんさんは目をつぶっていたため、ゆかりさんがどこにいるのかわからないでいた。

「呑まれたって意識はなかったんです。冷静に『波の中にいる』と感じていました。そのうち息が苦しくなって来て、『もうダメかも』と思ったんですが、その時に体が浮いたんです」

身体が浮き上がったりんさんは、流れてきた屋根になんとか登る事ができた。

「あの時は、たまたまウィンドジャケットを来ていたんです。水を吸わないでの浮いたのかも」

部活帰りだったため、身に着けていたウィンドジャケットが水を吸わず、その中にあった空気によって体を浮かされたという事なのかも知れない。

結局、近くにあった温泉施設に辿り着き、そこで一夜を過ごす。何度も母親の名を呼んだが、まったく反応がなか

りんさんが、母親と最後に寄ったコンビニ

った。

母親が遺体で発見されたのは5、6日後だった。遺体安置所に行き、父親（46歳）と一緒に確認した。服は泥も砂も吸っていた。りんさんは「すごく重い」と感じた。発見場所は「津軽石川の河口付近」とだけあり、具体的な場所はわからない。

当初は「どうして自分だけ助かったんだろう？　生きているのも嫌で、皆に申し訳ないと思った」という。人前に出るのも嫌な時期もあった。「どうして手をつないでいなかったの？」という質問をされ、辛かった事もあった。

母親の遺体が見つかり、葬儀も終わった。そうしているうちに、「生かされたのだから、落ち込んでいる場合じゃない。母が助けてくれたんだ。命をくれたんだ」と思うようになった。

「母は亡くなったけど、すごく近くにいるような気もする。見守ってくれているんだと思う。車も流されたので、母の思い出の品はほとんどない。でも、近くにいると感じるから、物（遺品）を持っていたいとは思わない」

２０１２年10月、一般財団法人教育支援グローバル基金主催で「ビヨンドトゥモロー　東北未来リーダーズサミット２０１２」が開催された。りんさんは、そこで発言した。

「先生に言われて参加したんです。発言の場もありましたし、自分でできる事が見つかりました。知ってもらいたいし、伝えないといけない」

震災から丸2年となる13年3月11日、政府主催の追悼式では、岩手県の遺族代表として追悼の言葉を述べた。

「あれから2年。私はあの日より、少しだけ強くなりました。それは、亡くなった母への思いと残された家族や友人、そして多くの方々の支えがあったからです」

高校を卒業後、りんさんは関東地方の大学に入学した。

●震災遺児・孤児へのサポート

厚生労働省によると、被害の大きかった東北3県の「震災孤児」は241人、「震災遺児」は1480人（2012年8月21日現在）。

ここで言う「震災孤児」は、東日本大震災によって両親が亡くなった、もしくは行方不明になった18歳未満の児童の事。震災以前に一人親家庭で、その1人の親が亡くなった、または行方不明となった児童も含まれる。「震災遺児」は、大震災により一人親になった18歳未満の児童の事。震災発生時に胎児であった児童も含まれる。

震災孤児となった場合、児童養護施設に入所させられるケースと、里親に預けられるケースがある。この震災では、166人の震災孤児が親族里親に引き取られた。遺児の場合は、もう一人の親と一緒に住む事が多い。りんさんには父親がおり、施設も里親も利用してない。

震災孤児・遺児への支援は多種多様だ。経済的支援にはNPOや財団、企業が支援に乗り出している。祖父母や親戚が引き取る「親族里親」には、現行制度で厚生労働省の予算から月5万円前後が支給されている。

また、自治体でも独自に制度を設けた。たとえば、福島県相馬市では市条例を作り、岩手県や宮城県では、県として独自の基金を設けている。

東北大学大学院教育学研究科も「震災子ども支援室」を作り、心理士が震災孤児を支援する事になっている。こうしたメンタル面の支援は行政も行っている。

「NPO法人子どもグループサポートステーション」では、震災などで大切な人を亡くした子どものためのワンデイ・プログラムを実施。こうした活動を促進する人を育てるため「ファシリテーター養成講座」も各地で開いている。

震災遺児・孤児の支援には、1つ1つ個別的な対応と総合的なサポートの両面が求められている。

新たなスタートを切る子ども達
～宮城県石巻市立北上小学校

中嶋　真希　●『毎日小学生新聞』記者

【宮城県石巻市】

津波による校舎の全壊から間借り授業。そして高台移転を視野に入れた統廃合……。めまぐるしく変わる環境の中で、前を向き、歩み始めた子供達の３年間。

猛暑も和らぎ、セミの最後の合唱が響いていた２０１３年８月26日。夏休みが明けた宮城県石巻市立北上小学校（児童数１３５人）を訪れた。「おはよう！」。校門では子どもたちを橋本惠司校長が出迎えていた。「元気そうだなあ」と頭をなでられて、低学年の児童が照れ笑いする。

北上小は、元々は橋浦小の校舎だった。震災後、津波の被害を受けて校舎が全壊した相川小と吉浜小が、橋浦小の校舎を間借りして授業をしていたが、統廃合で3校は4月から北上小として生まれ変わった。新たな仲間たちと初めての夏休みを過ごした子どもたちは、プールや虫捕りに夢中になっていたのだろう、日焼けした顔で校門をくぐっていく。

始業式が始まると、新しい校歌が体育館に響いた。

♪何億年ものはるかなる昔　地球が生まれ
海ができて　山ができて　はぐくまれた生命……

どこの学校にもあるような、校歌が刻まれた木彫りのレリーフは、まだない。先生達が、歌詞を書いた紙をホワイトボードに貼付けたのを横に持って来たが、皆すっかり覚えたようで、まっすぐ前を見て歌っている。昔の校歌とはひと味違った、今風の複雑な音程も歌いこなしていた。統廃合前は、先生達が「難しいから、ちゃんと歌えるかな」と心配していたが、さすが子どもは飲み込みが早いようだ。

新しい学校になったといっても、校舎は以前と同じ。いずれ高台に移転する計画があるため、改修に費用をかける

津波が屋上まで押し寄せ、全壊した相川小。今は解体され、きれいに磨かれた記念碑だけが輝いている

ことができない。少しでもきれいにしようと、夏休み中、石巻の子どもたちを支援するボランティアグループ「プロジェクト結」が、校舎の外壁や校舎内の一部を塗り替えた。図書室には、「ねぎぼうずのあさたろう」などで人気の絵本作家飯野和好さんら6人の作家が描いた全長約14メートルの壁画が登場。休みの間に大変身を遂げた校舎に、子どもたちが「すごいね」と跳びはねて喜んでいた。

校舎は古いままでも、学校全体が新鮮な空気に包まれていた。相川小最後の校長を務めた北上小の橋本校長は、「やっと、普通の学校で、普通の教育ができます。これからは、その積み重ねをしていきたいです」と胸をなでおろす。

●最後の卒業生と思い出作り

統廃合前は、北上小として生まれ変わった3校のうち相川小を取材した。相川小は、津波が3階建て校舎の屋上まで襲ってきて全壊。学校にいた児童45人と教職員13人は裏山に逃げて無事だったが、先に下校していた1年生の男子児童は行方不明になった。被災後、相川小から12㎞離れた橋浦小学校（当時児童数98人）で、同じく被災した吉浜小学校（同47人）と一緒に、市内の公立小3校合同で授業をすることになった。

橋浦小には温かく迎えてもらったものの、相川小の子どもたちは、間借りの教室で遠慮がちなところがあった。クラスには担任が3人もいる状態で、授業の進行は思うようにいかない。さらに30分かけてスクールバスで通学するため、遊ぶ時間も少なくなった。

翌年からは、橋浦小で学ぶ3校が、それぞれ別に授業をすることになった。統廃合が決まっていたこともあり、学校ごとの思い出を作っておきたいという思いも強かったからだ。教室や空いたスペースを強化段ボールで区切り、隣の声が聞こえる中での授業。それでも、学校ごとの個性を生かせることに意味があった。相川小伝統の「鼓笛隊」と「相川白波太鼓」にも力を入れることができた。

統廃合を目前とした2013年3月7日、3校合同の「6年生を送る会」を見学させてもらった。飾り付けや司会は、5年生が担当。花紙で作った飾り付けに囲まれて、中央には大きなくす玉が輝いている。休み時間を使って準備して来た力作だ。「最後の卒業生だから、ちゃんと送り出してあげたくて」と5年生女子が言う。

簡単なゲームや歌で盛り上がった後は、「お礼に」と、6年生が踊りを披露。AKB48の「フライングゲット」が流れると、女子にまじって男子もチェック柄のスカートをはいて登場した。

「ちょっと、男子がいるんだけど!」

子どもたちは、腹を抱えて大笑い。最後は、3校それぞれの校歌を全員で歌った。

お祝いムードに包まれた会が終わると、ある5年生女子が「私たちも相川小で卒業したかった。鼓笛隊と白波太鼓がなくなったらいやだ」と漏らした。卒業する6年生女子も、「相川小には、思い出が詰まってる。壊してほしくないけど……もし壊しても、遊びに行く」とうつむく。

夏休みを終えて登校する子ども達。校舎には、北上に咲くハマギクをモチーフにした新しい校章が輝く

戻れないことは、子どもたちが一番よくわかっている。それでも笑顔で、前向きな言葉を伝えようとする彼らの表情から、悔しさが垣間見える。同月23日には、全壊した校舎の前で閉校式があり、白波太鼓を披露して別れを告げた。校舎は同年

6月に解体され、校歌の歌詞を刻んだ記念碑が建てられた。

●新たな環境で新しい歩みを

「相川小で卒業したかった」と話していた女子に、北上小2学期の始業式で会った。

「前より人数が増えて、教室がにぎやかになりました。（ドッジボールのルールでフリスビーを投げる）ドッジビーはたくさんいないとできないし。校庭で6年生がやっていると、1年生も入ってきます」と笑顔を見せてくれた。

「相川小がなくなるのはさみしいって思ってたけど、北上小になっても、みんなで楽しく過ごせた」と話す。別の学区の子らと仲良くなるのに、時間はかからなかった。

1つの学校となった今、段ボールの仕切りはなくなり、広々と校舎が使えるようになった。橋本校長も、「3校が一緒になれば、人数が増えて、いいこともあるんです。シャイな子が多いけど、『あんな子もいるんだ』と新しい価値観に触れて、刺激しあうことができる」と話す。

「通っていた学校がなくなり、さみしいのでは」という大人の心配をよそに、子どもたちは前向きに見えるが――。

「前向きにならざるを得ない、というところもあります。新しい歩みを始められるように、切り替えていけるようにしてあげたい」と橋本校長。

「阪神大震災の時、発生から3年後に子どもたちのPTSD（心的外傷後ストレス障害）が増えたというデータもあります。様子をよく見て、気をつけなくては」

スクールバスで通う子どもたちが、遊ぶ時間が足りなくてストレスをためないよう、バスの時間を30分遅らせるなどして気を配る。子どもたちが「なくなったらいやだ」と心配していた「相川白波太鼓」も、「北上太鼓」と名前をかえて、新しい学校でも受け継がれていくことになった。

慣れ親しんだ学校がなくなるのは、子どもたちにとっても、地域の住民にとっても受け入れがたいことだろう。それでも子どもたちは、新たにできた仲間と一緒に前を見て進んでいる。今の校舎も、いずれ離れなくてはいけない時が来るが、そんな時、昔を惜しむのではなく、「君達なら、どこへ行ってもやっていける」と、子どもたちの背中を押してあげられたら、と思う。

中嶋真希　なかじま・まき
1983年、埼玉県生まれ。2006年、毎日新聞社入社。2010年から毎日小学生新聞。被災地の学校や、食物アレルギー問題など子ども達を取り巻くテーマのほか、コソボ共和国の民族問題なども取材。

【岩手県釜石市】

釜石で起きたのは、本当に〝キセキ〟なのか？

～メディアから美談として伝わる「釜石の奇跡」を検証する

渡部 真
●フリーランス編集者／取材協力：渋井哲也

震災から間もなく、新聞で「釜石の奇跡」が報じられた。事前に津波防災教育を行っていた釜石市における児童・生徒の生存率の高さを讃えた記事だった。しかし「釜石の奇跡」は、その後一人歩きしていった。

文部科学省が２０１２年9月に発表した資料によると、東日本大震災で亡くなった小学生２２３人、中学生１０６人、高校生１６６人となっている。

岩手県釜石市では、８人（小学生３人、中学生２人、高校生３人）の子どもが犠牲になった。釜石で犠牲になった子どもは、いずれも学校管理下外だった。市内の小中学生の生存率は99・８パーセント。

市は、２００６年から一部の小学校をモデル校として、津波防災教育を徐々に進めてきた。さらに08年、市内の小中学校で津波防災教育の取り組みを本格化させた。「想定にとらわれるな」「最善を尽くせ」「率先避難者になれ」という避難３原則を教えるほか、過去の津波記録の視聴、下校時を想定した津波避難訓練、小中学校の合同避難訓練などを行って来た。

「事前の津波教育が徹底されていた」「子ども達は自主的に高台へと避難した」「中学生が自主的に小学生の手を引いて避難した」「古くから伝わる〝命てんでんこ〟が子ども達を守った」……こんな報告とともに、釜石の子ども達の避難行動は「釜石の奇跡」と呼ばれるようになった。

●津波を見に行こうとした小学生

２０１１年3月11日、地震が発生した時刻、市街地の高台にある市立釜石小学校の児童達の多くは、すでに下校していた。学校管理の下にいなかった釜石小の児童達は、それぞれ自分で判断し行動しなければならなかったが、「釜石の奇跡」として紹介されている通り、浸水エリアにいた全員が、高台などへと避難して助かった。

確かに、自覚的に避難行動を起こし、楽観的に考えていた大人に避難を促した児童もいる。しかし、本当にすべての児童が自主的に避難したのだろうか？ 取材を進めると、必ずしも全員が自覚的という訳ではなく、周囲に促されて避難した子どもも多い事はわかった。

ある釜石小児童は神社の近くで同級生達と遊んでいたが、「警報がすごいけど、本当に津波が来るのか？」と、港の方を見に行こうと歩き出したところ、一緒にいた同級生に「おい、逃げるぞ！」と催促されて神社に引き返して避難している。逃げる時、すでに津波は見えていたという。また、兄弟だけで沿岸部の自宅いた2人の子どもは、高台には避難せず、自宅の屋上に逃げた。まだ2年生だった弟は兄に言われるがまま避難した。津波は屋上まで来て兄弟とも身体が水に浸かったが、かろうじて助かっている。

釜石小で津波防災教育を受けた児童達に話を聞くと、震災前に行われた授業の内容は、それほど強い記憶にないという児童が複数いた。年に数回行われる避難訓練は覚えていたが、ビデオなどを使った授業の内容はあまり覚えておらず、「古い写真とかを見た記憶はあるけど……」と自信なく話す児童もいる。小学生では当たり前といえば当たり前の反応だった。前述した、津波を見に行こうと思った児童は、避難3原則の事など考えず、授業で見た写真のような津波が本当に来るのかと確かめようとしていた。

もちろん、釜石小の児童全員が助かったという結果は、津波防災教育の成果として評価されて当然だ。しかし、一方で、メディアから伝わる「釜石の奇跡」の美談の数々は、必ずしも実態に即していない面がある。

●次々と避難を繰り返した中学生達

鵜住居《うのすまい》地区にあった市立釜石東中学校も、「釜石の奇跡」の象徴とされている。

鵜住居地区防災センター（10ページ）から５００ｍほどの場所にあり、隣には市立鵜住居小学校の校舎もあった。

地震のあと、やや揺れが収まってから、生徒達は校庭に集まった。教職員達は、一部が校舎を見回りながら、一部が生徒達の集まる校庭に出た。すると、「津波が来るぞ」との叫び声が聞こえた。佐々木良一教諭（42歳）は、地震の規模から「だいたい30分もすれば津波が来るのはわかっていた」と言う。最初の声に促されて、教師達はグラウンドにいた生徒達に「走れ！」などと声をかけ、高台への避難が始まった。佐々木教諭は学校に残り、生徒達が校舎などに残ってないか確認してから学校を出た。

◇　◇　◇

学校から出かけていた平野憲校長（55歳。現在は他校勤務）は、外出先で地震に襲われたという。「急いで学校に戻ろうと車を走らせている時、『ございしょの里』へ避難する生徒達とすれ違ったんです。生徒達が無事だったのは、残っていた先生達のお陰です」と話す。

校長は、佐々木教諭らが避難した後、1人で学校に残って生徒が残っていないか確認をし、校舎から海の様子をうかがっていた。そのうち、子どもを迎えに来た保護者などに対応をしていると津波が来るのがわかった。

「近くの鎧坂橋に見に行くと、すでに橋のところまで津波が上がっていました」

校長は急いで「ございしょの里」へと向おうとしたが、津波が前からも後ろからも来たため、ひとまず山へ逃げた。

◇　◇　◇

生徒達が、最初に避難したのは、学校から約700ｍ先にある特別養護老人ホーム「ございしょの里」だ。しかし、この場所は高台でもなければ、釜石市が指定した避難場所でもない。

地震から15分後、生徒達が避難したのを確認するため、駐車場で初めて点呼をとった。生徒212人を確認した頃、校舎に残っていた佐々木教諭も小学生達と一緒に「ございしょの里」に到着した。鵜住居小では、地震のあとに校舎で点呼などをしていたが、釜石東中の生徒達が避難するのを見て教員らが指示を出し、急いで児童を避難させた。こうして、東中と鵜住居小が「ございしょの里」に避難して集まった。

小学生も中学生も、駐車スペースに座って待機した。事前の訓練通り、裏山の崖側には小学生達がいた。釜石東中の平野美代子教諭（38歳）は、地元住人らと「あっち（崖側）に小学生達がいるし危ない」と話し合っていた。実際、地震で崖の一部が崩れたらしく真新しい山肌が見えた。このままでは危険だと教師達が判断し、さらに400ｍ離れた市の避難指定場所「やまざき機能訓練デイサービスホーム」（以下、「デイサービス」）まで避難する事になった。

◇　◇　◇

教師や生徒・児童達が高台にある「デイサービス」に到着した頃、地震からすでに40分が経過していた。一息つく隙もなく駐車場から沿岸の方を見ると、すでに鵜住居地区は津波に襲われ呑み込まれていた。佐々木教諭は、水しぶきを上げて津波が迫ってくる様子を目の当たりにした。教師達は、ここも危険だと判断し、さらに５００ｍ先の高台にある「恋の峠」まで避難する事になった。

市の避難場所となっていた「デイサービス」には、地域の住人や鵜住居保育園の園児も避難しており、小学生や保育園の子ども達を先に避難させ、そのあとを中学生が避難し始めた。しかし、後ろからは津波が迫って来ていた。避難訓練のように一列になって避難していたのでは間に合わないかも知れない。佐々木教諭は「とにかく逃げろ」と指示を出した。生徒達は、教師の指示もあり、小さい子ども達や地域の老人達の手を取って急いだが、とにかく先へと走って逃げた生徒達もいる。

先頭を走り避難した数十人の生徒達は、一旦は、石材店の裏にある三陸自動車道の下を潜り、さらに高台の裏山へと避難したところで、下から教師達が声をかけて石材店まで戻った。写真の手前が「恋の峠」の高台。中央を横切るのが三陸道。その奥が石材店。さらに向こうに車が走っているのが国道45号線

◇　◇　◇

国道45号線沿いにある石材店まで到着した時、平野教諭は、ようやく「ここまで津波は来ないだろう」と判断した。結局、津波は「デイサービス」までは到達せず、「恋の峠」も無事だった。

１人で校舎に残っていた平野校長は、津波に前後を挟まれながらも山へと避難した。校長の後方から逃げようとした人の中には、津波で流されてしまった人もいた。校長は、水に浸かりながらも杉林のなか山沿いを歩き、暗くなった頃、ようやく「恋の峠」まで辿り着いた。

●ギリギリのところで判断した教師達

取材をしていくと、教師も生徒・児童も、大きな混乱の中で避難していた様子がわかってきた。

地震後に「逃げろ」という声を聞いてすぐに走り出した野球部員、まさかグラウンドまで津波が来るとは思いもしなかった学級委員の女子生徒、避難中ずっと泣き続けた女

Column

学校管理外で犠牲になった子ども達

渋井 哲也

最初に「釜石市では学校管理下では子どもの被害はゼロ」と聞いた時、もちろん、学校にいた子ども達の避難行動は賞賛できるかもしれないと思った。ただ、こうした教育の成果があるとすれば、「学校管理外の時、子どもはどう判断するのか」が気になるところだ。なぜならば、学校管理下であれば、教員の指示があり、他の児童生徒の判断を真似る事もできるかもしれない。しかし、学校管理外であれば、1人の可能性もある。

取材をすると、亡くなった釜石東中の女子生徒（当時3年生）の存在を知った。震災当日、彼女は風邪で学校を休んでいた。ある関係者から、こんな話を聞いた。

「欠席した生徒が1人いたんです。地震があった時に病院にいたんですが、友だちに〈大きな地震があったけど、大丈夫？〉というメールを送っています」

地震が発生した時、その生徒は釜石に隣接する大槌町の病院にいた。母親と一緒に、市内（箱崎半島）にある自宅へと戻ろうとした。その帰路で鵜住居地区まで戻り、母親と女子生徒は防災センターへ避難した。しかし、2人は津波に呑まれ、母親だけが助かった。同級生の女子生徒は、こう振り返る。

「（震災直後から）行方不明という噂は入ってきていましたが、信じられませんでした。3月31日の卒業式で名前が読み上げられた時、その子はいなくて先生が涙をこらえてたんです。だから『本当なんだ』と思いました。後になって、なんで休んだんだろう？なんで病院に行ったんだろう？って思い、悲しくなりました」

釜石東中学校で津波防災教育を受けていた子ども達のなかには、他にも犠牲者がいた。

鵜住居地区では震災当時に、2人の高校生が亡くなっている。2人とも風邪を引いていて、学校を休んでいた。1人は高校1年生。津波防災教育が本格化した時には釜石東中に在籍していた。しかし、生徒が避難したのは自宅近くの「防災センター」だった。もう1人は高校3年生。自宅近くに市指定の避難所である鵜住神社があるが、逃げ後れて津波に呑まれてしまった。

風邪による体調不良が、判断を遅らせたり鈍らせたりする事もあったかもしれない。しかし、本格的な津波防災教育だけで判断が変わるわけではない事がわかる。

一方で、短期的な教育が成果を見せる事もある。

福島県新地町立尚英中学校では、2010年2月に起きたチリ地震による津波警報で、生徒達が避難行動を取らなかった。それを知った当時の教頭が危機感を覚え、11月に専門家を招いて津波防災に関する講演会を実施した。これを聞いた生徒は、この話を覚えており、「（沿岸と並行する）国道6号線を超えるという話は意識していました。だからそれよりも高台に逃げたんです」と語っていた。

子児童、中学生に手を引かれて訓練通りに避難できた女子児童、何が起きているか理解できない中で促されるまま動いた女子生徒、「デイサービス」で津波を見て「ヤバい」と感じ走った男子生徒。それぞれ混乱の中で避難していた。

彼らは、勝手に避難行動をしたわけでもないし、訓練通りに整然とできたわけではないと口を揃える。当然と言えば当然で、学校管理下で子どもが自主的に判断し避難できるはずもない。一方で教師達も、常に冷静だったわけではなく、両校とも、かなり混乱のなかでギリギリのところで判断をし、行動していた事がわかる。

◇　◇　◇

そもそも市の指定避難場所よりも遥かに低い場所にあった「ございしょの里」へ最初に避難したのは、相当に危険な事だった。

たしかに、市のハザードマップでは、学校の敷地も「ございしょの里」も、津波浸水エリアには入っていない。佐々木教諭は、とりあえず「ございしょの里」まで避難すれば何とかなると思っていたという。しかし、そこは、釜石市が指定している避難場所ではないし、高台でもない。

その一方で、津波が来れば同地が浸水する可能性があるという認識も一部にはあった。釜石東中は、２００８年から震災が起きるまでの3年間、市内で最も積極的に津波防災教育に取り組んできた学校だ。震災前の授業の中で、教師と生徒達が一緒になって独自の津波浸水想定を検討していた。校舎やその周辺が市のハザードマップで浸水エリアから外されていても、鵜住居川の河口からすぐ近くで川沿いにあるために、浸水の危険がある事は、学習の実践の中でわかってきていた。平野教諭は、「生徒の中には、高台の自宅から危険な校舎に通ってると自覚する子もいて、『なんでここに校舎あるの？』と聞かれると困った」と、逡巡していた当時を振り返る。

幸いだったのは、（1）「ございしょの里」の建物の中ではなく駐車場で待機していた、（2）地域の住人から避難を促された、（3）少しだけ裏の崖が崩れた、という点だ。こうした事から、市の指定避難場所まで避難する事になったが、もしもあと10分も留まっていたら、生徒達が全員無事だったかはわからない。学校に残った平野校長がギリギリのところで命が助かった事からも、少しでも避難が遅れていれば、多数の犠牲者が出ていた事は容易に推測できる。場合によっては「防災センター」と同じような悲劇が起きていたのかもしれない。事前訓練で、市の指定避難場所ではないスペースを利用していた点は共通している。

●「釜石の奇跡」に慎重な教育関係者

そもそも、「釜石の奇跡」と呼ばれたのはなぜだろうか。震災から1年経った後、釜石市の防災課の職員がこう証言した。

「釜石市内の小中学校では、震災前から津波防災教育をしてきました。こうした軌跡があったから避難ができたのではないか、と新聞社の取材に答えた事があります。もし、私の言葉をもとに『釜石の奇跡』という言葉が生まれたのならば、『キセキ』違いです」

これが事実ならば、最初に報じた新聞記者の聞き違いから「釜石の奇跡」が誕生した事になる。

実際に、「子ども達が助かったのは、津波防災教育の『軌跡』によるもので、『奇跡』なんかではない」と言う地元の声は多い。生徒や児童達も「奇跡じゃなくて偶然」と口にする。奇跡にせよ、偶然にせよ、学校管理下にいた児童・生徒達に犠牲がなかったのは、年に数回だけ訪れて講演をする外部アドバイザー達の支援もあったろうが、何よりも、日々の教育実践の中で試行錯誤しながら、津波防災教育を続けてきた教育関係者の成果である。

釜石市教育委員会で話を聞くと、「取材に来られる方には、こちらからは、その言葉（『釜石の奇跡』の事）を使わないようにしています」と話す。行政から報道に対して言論表現の妨げにならないよう言葉を選ぶが、「釜石の奇跡」と呼ぶ事には配慮して欲しいというのだ。

釜石市内の教育関係者に話を聞けば、多くの人が同じように「釜石の奇跡」という言葉に慎重な姿勢を崩さない。それは、市内の小中学生だけでも5人が犠牲となっており、128ページのコラムで紹介した事例を含めて、津波防災教育がすべての子ども達を救えたわけではなく、学校管理下にいなかった子ども達に犠牲を出してしまったという思いだった。しかし、メディアでは「釜石の奇跡」という言葉が使われ続けている。

今後、日本の津波防災教育を考える上で、震災前から釜石市が行ってきた教育活動の実践は、参考になる面も多い。震災の対応についても、教訓とすべき点はたくさんある。しかし、メディアから美談として伝わる「釜石の奇跡」のように、断片的なストーリーだけを捉えてしまえば、落とし穴を見逃す事になるのではないか。

どこに津波防災教育の成果があったのか、避難行動のどこにミスがあったのか、事前準備で不備はなかったのか、そうした冷静な評価が必要である。

Column

「貴重な体験」を重ねた子ども達の3年

～南相馬で学習サポートを続けた塾教師から見えたもの

番場　さち子　●福島県南相馬市原町区在住／学習塾経営

●避難所から南相馬に戻る決心

あの日の長い地震の後、私達の生活が一変したのは言うまでもありません。当時、教室として使っていた建物が老朽化していたので、慌ててスリッパのまま外に飛び出したのですが、自宅の様子を見に、私は海に向かって車を走らせました。しかし、あの時何かに導かれて、私はたまたま右にハンドルを切り、こうして生きています。

東京電力・福島第一原子力発電所から60㎞と言われる伊達市の体育館に避難中、都内に住む友人が支援物資を持って駆けつけてくれた時、持参したパソコンで上空からの津波被害の写真を見せてもらいました。私はたまたま右に曲がったことで生かされたことを知り、自分の運命に驚愕し震えました。

避難の最中、私は携帯電話の電池が続く限り100人の生徒達の生存確認を行いました。海に近い子どもから順番にメールや電話をして返信がないと、もしかしたら被害にあったのではないかと不安になり、恐ろしくて二度三度とは同じ生徒に連絡を取れず、苦しい思いで連絡を待つことに徹していたことが昨日のことのように思い出されます。

◇　◇　◇

避難所の体育館で仲良くなった子ども達は、私が学習塾の先生だと知ると、勉強を教えて欲しいと私の回りに集まるようになりました。避難生活を共にする子ども達を見ながら、私は30㎞圏内で学校が再開しない南相馬市の子ども達に思いを馳せました。

「わずかだけれど子どもがいるらしい」と屋内待避の指示で籠城を決め込み、避難せずに残った友人から毎日のようにメールが入りました。その頃、ガソリンもなかなか手に入らず、餡パンを朝昼晩と3日分も置いて行かれたりする生活にも、私は疑問を感じていたところでした。

こうして生かされていて、何の意味があ

るのだろうか？

津波から被害を受けず生かされた意味は何なのだろうか？

私にできることは何なのだろうか？

連日考え続け、とりあえず南相馬市に戻って、学校が再開するまで子ども達の面倒をみようと決めました。心配して制止する両親に、「放射能で被曝して、もし十年寿命が縮まったとしても、それでも私は子ども達のために何かしたい」と、両親の手を振りきって避難所を後にしたことも思い出されます。

●南相馬の子ども達の権利

無料の学習会は、ママ達の口コミであっという間に広がり、連日30人も40人もやって来ました。住所を聞きますと、津波被害に関係のない飯舘村寄りの山あいの地域や30㎞圏外の鹿島区の子ども達がほとんどで、学校も始まらず、外へも遊びにも行けず、友人にも会えず、不安いっぱいの顔をした子ども達やお母さんが連日教室を訪ねて来ました。学校に平常通り行ける状態の時には、学校が嫌だったり勉強が嫌いだったりすることもあったでしょうが、何もなくなってそれができない状態になると、その欲求を欲したくなるという子ども達の現象も目の当たりにしました。

私は押し入れにしまいこんでいた大量の教材の数々を大テーブルに広げ、一人一人に合った教材をセレクトして子ども達の学校が再開するまで、無償で大盤振る舞いすることで不要になった教材の有効活用としました。私一人では面倒見きれないため、スタッフや震災の混乱で学校が始まらない大学生などに手伝いのヘルプを求めました。

そんなある日、私の携帯には私達の活動を非難する電話が入りました。

「教育者のくせに、子どもを強制避難させないで受け入れているとは何事だ！」

名前も名乗らず、電話の相手は私にそう噛み付きました。私は静かに「ここに住んでいる子ども達にも教育を受ける権利はあります」と言い返して電話を切りました。

その怒鳴り声に一瞬不安な顔で私を見上げたスタッフ達には「明日からも継続します。責任は私が取るから」と言い切りました。今思い返すと、一体私は何に責任を取るつもりだったのでしょう。今では笑い話ですが私も何かに必死だったのでしょう。

◇　◇　◇

南相馬市の学校は、小中学校が２０１１年4月22日から、高校は5月9日から、30㎞圏外の他の学校を間借りして、劣悪な環境の中スタートしました。

原町区の子ども達は、隣の鹿島区や相馬市の学校に向かうため、朝早くスクールバスが迎えに来るので早起きしなければなりません。バスのルートには津波にあった地域を通らなければならず、波消しブロックを根こそぎも取られ、打ち寄せる波頭が見えたり、船が国道脇に流れ着いていたり、家財道具が流れて残されたままの状態でした。そこを通りますので、女の子達は、その残骸を見ながら学校へ通うのが怖いと何度も私に聞かせてくれました。

学校では、パーテーションで仕切られただけの簡易教室や、ひどいところは廊下で授業を受けることもあったようです。

それ1つとっても、私は福島県や南相馬市は、教育特区にすべきではないのかと地団駄を踏む思いでいました。何も被害のない中央と同じであってはならないと思います。県や国はこの現場を見たのか？と、呟えてもいました。

●不安体験を口にしなくなった

自宅が津波で流失した少女Mの話です。地震と津波があった翌日、自宅の確認に出向いた際、自宅は失くなっており、しかも途中の堀に津波で流された馬の死骸を見つけ、とても恐ろしかったと言います。中学校の体育館に避難していましたが、原発事故がありバスが迎えに来たので、訳もわからぬままそのバスに家族全員で乗り込んだのだそうです。行き先は長野県。行ったこともない、地図で何となくしかわからない地域に連れて行かれることだけでも不安でいっぱいだったと言いました。2、3日で帰れるのだろうと思っていた長野行きは、到着してからいつ帰れるかわからないと説明があったそうです。それを聞いて、Mのおばあちゃんはショックを受け、熱を出したのだと教えてくれました。

JR常磐線「原ノ町」駅（福島県南相馬市）からほど近くにある学習塾「番場ゼミナール」を経営している番場さん。子ども達の居場所を提供する傍ら、東日本大震災の後、「ベテランママの会」を立ち上げ、南相馬市の若いお母さんのケアに取り組み、さらに高齢者のサポート活動も行っている

震災直後、私の携帯電話には実に様々なメールや電話が入りました。「福島から来たというだけで差別を受けた」「避難民と馬鹿にされた」「福島のナンバープレートを見て車に傷つけられた」「早く帰りたい」「先生のそばに行きたい」私は為す術もなく、子ども達やお母さん達の愚痴を吸い取ることしかできませんでした。

◇　◇　◇

震災からしばらくは「あの時どこにいてどんな被害を受けたか」「その後どこに避難していつ南相馬に帰ってきたか」が、名刺代わりのように、子どもも大人も身の上話を挨拶として交わしていましたが、最近それがようやくなくなって来たように思います。

避難生活が長く、不安に慄き、教科書も変わって落ち着かない毎日を送っていた子ども達に多く見られたのが、学力低下です。戻ってきた子どもの多くが、勉強する安心感もなく、落ち着かない毎日を過ごしていたであろうことは察しがつきました。

今、子ども達はあの時の混乱や不安を忘れたかのように、避難先では楽しかったなどと言えるようになりました。あの時、何度も不安を口にしたり、愚痴をこぼしたりしたことは、喉元過ぎて忘れてしまったのか、良い思い出だけが記憶に残っているのか、少し今の生活が落ち着いてきた証拠なのでしょう。

震災から3年が経ち、一見平穏な生活に戻ったかのように見えます。

津波の被害にも遭わず、家も有り、両親も仕事が有り、普通の生活に戻れた子どもは幸せです。まだ仮設住宅に暮らし、仕事もままならず、今後の生活設計が出来ていない親御さんは不安な状態がピークに達しているようです。それが弱い者への暴言や暴力となり、DVで苦しむ相談も噴出して来ています。

子どもにとっての3年間は尊い時間でした。あの時中学3年生で受験の合格発表を待ち望んだ子ども達が、もう今年は大学受験の年になりました。

あの避難生活がなかったら、もっと学力も向上したかもしれない、もっと部活動で成績を残せたかもしれない、もっとたくさんの仲間と卒業を迎えられたかもしれないという生徒もいます。

●震災を機にした新たな出会い

震災は、多くの命や財産、自然を破壊しましたが、新たに支援してくださる方とのご縁も与えてくれました。

私の教室には実に様々な外部の方がいらっしゃいます。大学の教授、学生、医師、新聞記者、ジャーナリスト、などなど……。職種だけでも数え上げたらきりがないほどですが、子ども達はそのような大人達との出会いの中で、新鮮な気づきも与えていただいています。

広島大学の教授から直接お話を聞かされた女子高生のRは、将来被災地で人の役に立つ仕事をしたいと、作業療法士の資格を取りたいと勉強に励んでいます。そのようなことも、先生との出会いがなければ思い浮かばなかったことで、恩恵を受けることも増えました。

その一方で、外部から首を傾げたくなる行為を受けることもあります。

先日、海外に暮らす日本人から「福島は暮らしてはいけない場所なのに、そこに住まわされている可哀想な子ども達」を支援したいという申し出がありました。支援の気持ちは有り難いけれど、私はその方に「いろいろ事情や考えがあって福島に住んでいる」ことや「放射能に対しても、無知で無学が差別や風評被害を生む」ことをお伝えしました。

◇　◇　◇

子ども達は平凡で当たり前の生活がとても有り難いということをこの3年で学んだようです。

世界史に残るあの大震災と原発事故は、子ども達の心に確かに影を落としました。それをわずかでも吉とさせることが我々大人の使命だと思っています。他の地域の人達ができない経験をさせてもらったと思いなさい、だから語り伝えていきなさいと教えています。また、放射能や放射線に関しても、自分の言葉で語れるように勉強することを促しています。

福島の子ども達は可哀想な子ども達ではありません。福島の子ども達から希望が生まれると信じています。

番場さち子　ばんば・さちこ
1961年、福島県南相馬市生まれ。1993年、南相馬市で、小中高生向け学習塾「番場ゼミナール」を開業。原発事故により100名の生徒が0名になったが、南相馬に戻った子ども達のため塾を再開し、授業・教材を無償提供した。「ベテランママの会」会長。

第5章

地元を離れて暮らす人々

宮城県亘理町から鹿児島県奄美市に避難している渋谷丹さん一家。
地元では陶芸家として本格的な活動を始めた矢先の震災だった。
現在は、周囲の人々の支援もあり、
中古の陶釜を持ちながら陶芸と農業を営んでいる。
（撮影：2013年10月／西村仁美）

日本酒「甦る」に願いをこめて
～避難した山形から故郷へ捧げる

平井 明日菜
●フリーライター／写真：越智貴雄

【福島県浪江町・南相馬市➡山形県長井市】

東日本大震災以降、津波や福島第一原発事故の影響で多くの福島県民が県外への避難を強いられた。事故から3年。山形県長井市に身を置く2人の男性は、「帰れなくなった」故郷へ心を寄せつつ、新たな一歩を踏み出している。

●草に覆われた町

福島県浪江町《なみえ》。津波による死者・行方不明者が182人、全壊家屋は613棟に上った。全町民の約2万1000人が、現在も町外避難を余儀なくされている。

2013年の初冬、町内を南北に貫く国道6号線から、請戸《うけど》地区へ入る道にはいくつものバリケードが設けられ、警備員が出入りする車両のナンバーをチェックしていた。請戸地区は、東京電力・福島第一原発から約7kmの位置にあり、避難指示解除準備区域に指定されているからだ。放射線の年間積算線量が20ミリシーベルト以下となることが確実とされた地域で、自宅の補修や片付けは可能だが、宿泊はできない。

大地に乗り上げた船や錆びたままの車、田んぼの跡をセンダングサが覆っていた。荒れ地に生えるというこの草にはトゲがあり、少しでも触れると衣服についてとれない。草の中をかき分けて進むと、開けた先に一升瓶が空を見上げて整列している。一次帰宅した誰かが並べたのであろうか。酒蔵があったであろう場所である。

請戸は太平洋に面し、古くから海運で栄えた。秋になると請戸川をサケが遡上する。この地に鈴木酒造店が酒蔵を構えたのは江戸時代。海から15歩ほどの「日本一、海に近

浪江町の沿岸地域に設置された慰霊碑には、「磐城壽」が供えられていた

い酒蔵」と称するこの蔵では、歴代の杜氏が浜からの風とともに酒を醸してきた。純米酒「磐城壽《いわきことぶき》」は浪江の漁師の酒として、長い間親しまれてきた。

●浪江で生きた証

２０１１年３月11日、津波がきた。

杜氏の鈴木大介さん（40歳）は、地域の消防団員として津波の危険が迫るぎりぎりまで避難誘導にあたった。すんでのところで走っているトラックに夢中で飛び乗った。荷台の上からは、逃げ遅れた人が見えた。みなよく知った顔だった。蔵と自宅は流された。

翌日、救助に出かけようと準備をしていると福島第一原発が爆発し、原発から10㎞圏内には退避命令が出された。

「まだ生きて救助を待っている人がいるのはわかっていた」という。やっと立ち入りが許されたのは、１か月が経った4月半ば。遺体捜査を開始して、酒米を作ってくれていた稲作農家が発見された。

「棺桶の蓋を開け、遺体の朽ちていく臭いをかいで、人間の尊厳について考えた」

朴訥な人柄の鈴木さんの胸に、強い思いが込みあげてきた。

「津波や原発に追いやられ、このままでは浪江で生きた人達の証が失われてしまう。自分が酒を造ることで、何か残せるのではないか」

鈴木さんが現在住む山形県長井市にやってきたのは、一刻も早く酒造りをはじめたかったからだ。知人の紹介で、市内の廃業した酒蔵を買い取った。慣れない土地で、気候はもとよりコメや水の違いに戸惑うこともあったが、立ち止まってなどいられなかった。「酒を待っている人がいる」と自分を鼓舞し、震災の年の11月には酒造りを再開した。翌年、出来上がった酒をもって、浪江に行った。

「いつか、浪江に戻れる日がきたら、長井と浪江の二拠点で酒造りをしたい」

●自主避難の葛藤

福島県から県外への避難状況は、２０１３年12月の段階

室温40度の麹室《こうじむろ》で蒸し米をもみほぐし麹《こうじ》をつくる鈴木さん

で4万8944人。うち山形県には、依然として5870人が避難している（復興庁「震災による避難者の避難場所別人数調査」）。長井市にはピーク時、約300人の避難者がいた。同じ長井市で避難生活を続ける遠藤浩司さん（45歳）は「いっそのこと、故郷に戻れないとされた方がどんなに気が楽か」と語る。

遠藤さんは福島県南相馬市の出身。震災の2週間ほど前に、自宅から出火。義理の祖父を亡くした。深夜3時、燃え盛る火の中に飛び込み、煙に巻かれている4歳の息子を助け出した。

「やっとのことで助けた命。放射能汚染から守りたい」

原発事故後、義理の両親と妻、息子の家族5人で福島市の避難所や山形市内の宿泊施設を転々とした。長井市には縁もゆかりも無かったが、借り上げ住宅にいち早く入れると聞いてやってきた。

現在、南相馬市の自宅に帰宅できないわけではない。2011年の6月にはすでに義理の両親は帰宅した。遠藤さん達も放射能の心配さえなければ戻りたい。7ヘクタールある田んぼは今後どうしていけばいいのか。このまま長井市に留まろうか、帰宅すべきなのかと心が揺らいだ。

●逆境を踏み台にして

悶々としながら、借り上げ住宅の駐車場の雪かきをしていると、同じ住宅に住むいわき市出身の村田孝さん（47歳）に「いつもご苦労さまです」と声をかけられた。それが村田さんとの出会いで、「野菜を作りながら避難者同士で交流して、ゆくゆくは農業で自立する事業がある。参加してみないか」と話をもちかけられた。「漠然と、何か意義があることがしたいと思っていた」という遠藤さんは、誘われるまま、ＮＰＯ法人レインボープラン市民農場（以下、市民農場）で働くことにした。市民農場は、２００４年に設立された団体で、震災後、置賜（おきたま）総合支庁から避難者交流推進事業を委託された団体の１つ。事業の一環として、12年３月から「『絆』循環プロジェクト」を展開する。市民農場の畑の一部を、避難者主体の農場「福幸《ふっこう》ファーム」と名付け、野菜作りや酒造りを通じて、避難者や長井市民の交流の場とすることを目的としている。

南相馬市に夫を残し、５歳と８か月の子ども２人と母子避難している佐々木綾子さん（30歳）は、ほぼ毎日福幸ファームを訪れ、農作業や出荷の手伝いをしている。

「ここは原発のこと、放射能のことを話すことができる唯一の場。自分と同じように小さい子どもを抱えて避難している女性達とあれこれ話すことで、不安な気持ちが安らぐ」と言う。

12年５月、福幸ファームでは田植えに挑戦。翌年の３月11日には、このコメが７００本の純米吟醸酒「甦る《よみがえ》」として生まれ変わった。醸したのは、もちろん鈴木さんだ。「甦る」は長井市内と、故郷の再生を祈り福島県内で限定発売された。

田植えや稲刈りを通して、長井という土地に馴染んできたという鈴木さん。「『甦る』のコメを作ることで遠藤さんがこの地に残るきっかけになれば」と語った。遠藤さんは今でも「甦る」の一升瓶を、飲まずに大事に持っている。

●日本酒に込めた願い

震災から３年を目前にした冬、南相馬市では去年までコメの作付けを自粛していたが、20㎞圏外を対象に今年からは作付けが始まる。遠藤さんはまだ借り上げ住宅にいる。

「自分は避難者というあいまいな存在。でも、そんな自分だからこそ発信できることがある。福幸ファームの活動を生きがいにしていきたい。原発被害はまだ続いている。苦しんでいる人がいることを忘れないでほしい」

今年の３月11日、遠藤さんや鈴木さん達の願いをこめた「甦る」が再び発売される。

平井明日菜　ひらい・あすな
１９８２年、静岡県生まれ。早稲田大学第一文学部卒業後、高校教師（地歴担当）などを経て、２０１２年フリーライターとなる。ｗｅｂ媒体を中心に執筆。興味があるテーマは農業、ジェンダー。

富岡から群馬に避難した障害者施設

～「みんなで一緒に福島へ帰ろう」の合言葉を実現させるまで

鮫島 隆紘●『福祉新聞』編集部記者

【福島県富岡町➡群馬県高崎市】

原発事故後、職員一丸で、困難な知的障害者の集団避難生活を乗り越えた社会福祉法人。念願だった、福島での施設の再建がようやく見えてきた。

東日本大震災は知的障害者の人生も180度変えた。東電・福島第一原発の事故後から現在まで、社会福祉法人「友愛会」（福島県富岡町）の障害者と職員は群馬県内に滞在したままだ。ただ、ようやく再建への道が見えてきた。

「みんなで一緒に福島へ帰ろう」

この3年間の合言葉が実現するまでもう少しだ。

●スタート地点に

「ご近所さんになりますので、よろしくお願いします」

2014年1月、友愛会理事長の林久美子さんと、事務局長と施設長を兼任する寺島利文さんらは、菓子折りを携え、福島県広野町にいた。

友愛会は昨年末、同町に法人幹部のつてで1万8000㎡の土地を購入。今は鬱蒼《うっそう》と生い茂る雑木林を切り開き、入所と通所の施設を2棟建設する。また、少し離れた場所にもグループホームやケアホームを建てる。元々震災以前にあった施設をすべて別の土地で再建するという。新施設は早ければ来春にも竣工する予定だ。幹部らは建設予定地近くの住宅を回り、一軒一軒頭を下げる。

「ご丁寧にありがとうございます」

「私も福祉の仕事をしていた事があったんですよ」

「我々も避難してきたんです」

「今後、原発に何もなければよいんですけど」

近隣住民は皆、好意的に迎えてくれた。

福島県広野町の建設予定地に立つ林さんと寺島さん

「震災1年目は日々の暮らしで精一杯。2年目から再建に向けて動き出し、やっと見つけた土地。ようやくスタート地点です」

林さんは、ほっとした表情を見せた。

●弱者優先の言葉なく

施設長と事務局長を兼ねる寺島さんは、今でもあの日の事をはっきりと覚えている。

「原発が危ない。今すぐ川内村に避難してください」

2011年3月12日、震災翌日の午前7時頃、地元消防団が友愛会を訪れ、緊張した様子でこう話したという。ライフラインが断絶される中、友愛会には施設などで暮らす障害者66人と職員10人が一夜を明かしていた。

すぐに職員らは薬や食料、着替えなどを準備。午前8時半には法人所有のマイクロバス2台と自動車5台に分かれて、施設を後にした。

ところが、出発したものの、80人以上の人を受け入れる避難所が見つからない。福島県内の川内村や田村市など数か所を回ったが、どこも避難した住民らであふれかえっており、受け入れを断わられた。「非常事態で弱者優先という言葉はなかった」と寺島さんは振り返る。

ようやく落ち着いたのは、知り合いから紹介されたという同県三春町内の研修施設だった。時間は午後6時過ぎ。その日は床にダンボールや毛布を敷いて過ごした。

「3日も経てば帰れるだろう」

その時、職員は皆、楽観視していたという。

●法人解体の危機

しかし、原発事故が収束する見通しは立たず、富岡町に戻るめどは全く立たない。研修施設には、友愛会以外の避難者はいない事が唯一の救いだったが、先行きが不透明な状況は続いた。

そうした中、福島県は障害者を5人ほどのグループに分け、別の社会福祉法人に分散避難させる案を打診した。しかし、友愛会はあくまで集団での避難にこだわった。

一旦障害者と職員がバラバラになれば、再建が困難になるおそれもある。何より、障害者の精神状態や健康を考えれば、慣れた職員が日常の支援をするのが一番だ。寺島さんの脳裏には法人解体への懸念もくすぶる。

結局、厚生労働省の斡旋で、重度知的障害者施設「国立のぞみの園」（群馬県高崎市）へ集団で移る事が決まった。1971年にできた同園にはかつて、500人以上の障害者が暮らしていた。ところが、近年施設から地域へ生活の場を移す取り組みを進めており、誰も入居していない寮が残っていた。

同園への集団避難は、同時に、職員も福島県から群馬県に移る事を意味する。多くの職員は福島を離れて、群馬に移り住む事を選択した。

こうして、高崎の地で福祉サービスは継続された。かつて障害者が製造していた味噌の製造を再開。富岡町で有名な「夜ノ森の桜」にちなんだ桜染め製品もつくり始めた。12年4月までには、これまでと同様の支援体制を整える事ができたという。

●見た目は同じ建物

では、友愛会がかつて運営していた富岡町の施設は現在どうなっているのか。

「ほら、見た目は普通でしょう」

原発事故の影響で、一時は「警戒区域」に指定された富岡町。法人本部もあった入所施設「光洋愛成園」を前に、寺島さんはそう話した。

現在、同園のある富岡町は、立ち入る事はできるが、住む事はできない「居住制限区域」に変更された。しかし、水道などのインフラは未だ復旧していない状態だ。

だが、福島第一原発から10㎞にある同園の線量は今も高い。外の排水口付近を空間線量計で測ると毎時5・7マイクロシーベルトを指していた。除染はこれからだという。

施設内は震災直後から時が止まっている。出勤簿は11年3月11日まで印字されたまま。調理室には食器が洗われずに放置されている。

共有スペースには布団が乱雑に置かれている。震災当日の夜、余震がひどく、不安な利用者を一か所に集めて夜を過ごした跡だという。

「あの時」から時が止まったままの、光洋愛成園のタイムカード

混乱の中で避難した事を物語る光洋愛成園の室内

必要な書類を取るため、職員は何度か施設を訪れているが、利用者で震災以降戻った人は1人もいない。震災から3年経った今も、友愛会の障害者70人は避難先の高崎で暮らす。

「みんなを連れてきたら、喜ぶと思うんだけどなあ」

廊下を歩きながら、寺島さんはつぶやく。

「大地震でも建物は大丈夫なんですよ。問題なのは放射線だけ。原発は絶対安全だと言われてきたんだけどね」

寺島さんの視線の先には、今はなき東電の女子サッカーチーム「マリーゼ」のポスターが貼られていた。

●神様が与えた試練

三春町や高崎市などへの避難で陣頭指揮をとった寺島さんは、これまで福祉一筋の人生を送ってきた。

東北福祉大学で福祉を学んだ後、秋田県の盲老人ホームに就職。埼玉県の知的障害者施設を経て、友愛会に就職した。定年も間近という時に、管理者という立場で、未曾有の震災と原発事故への対応を余儀なくされた。震災が残した入所者の心の傷は今も癒える事はないという。

それでも「人生悪かったとは思わない」と寺島さんは前を向く。避難後に支えてくれた多くの人々への感謝の思いが立ち上がる力になっているからだという。

また、20回以上に渡り、様々な場所で避難生活について講演するなど、震災後の新しいつながりもできた。

「大震災の事を風化させないでほしい」

寺島さんは気持ちを込めて何度も訴えている。そんな寺島さんに怒りの感情はない。

「乗り越えられるからこそ、神様が与えた試練なんですよ、きっと」

今ではそう感じている。

鮫島隆紘　さめしま・たかひろ
1982年、宮崎県生まれ。福祉新聞編集部所属。東日本大震災の被災地の取材は発生から1週間後に開始した。これまで、被災した福祉施設などの現場取材は約30か所に上る。

それぞれの岐路に立つ避難者達

～悲喜交々な避難者の3年間

【福島県➡千葉県／福島県➡埼玉県／福島県➡東京都／千葉県・福島県・宮城県➡鹿児島県】

西村 仁美 ●ルポライター

津波被害や原発事故によって故郷を離れて生活を続ける被災者達。町の復旧・復興の見通しが見えない中、故郷に帰るのか、帰らないのか、その岐路に立たされている。関東を中心に避難者達の「今」を追う。

●地元を離れて迎える「3年目」

復興庁によると、東日本大震災によって全国に避難する人の総数は、約27万人（2014年1月16日現在）。一方、原子力規制委員会は、東京電力・福島第一原子力発電所の事故により国が指定した避難区域の解除を、「年間20ミリシーベルト以下」の地域とする提言をまとめた。

様々な事情で地元を離れた避難者達は、どのような思いでおり、あの震災から今日までをどう振り返るだろうか。その事が気になって、関東や九州地方で避難生活を送る人達を訪ねた。

◇　◇　◇

2011年3月、原発事故により全町避難を余儀なくされた福島県浪江町から、東京ビッグサイトに家族5人で避難した山本まりあさん（仮名。43歳）。翌日には、子ども3人を都内の別の施設に預け、学校に通わせた。その後、一家は東京都が用意した団地に移動した。ところが、末の子どもが進学した学校で、ほかの生徒から嫌がらせにあい不登校状態になった。夫婦で相談した結果、千葉県に中古の家を購入し、末の子と山本さんの2人で暮らす事にした。夫やほかの子どもとは別居状態。その甲斐あって、末の子は新天地で一日も欠かさず登校している。そんな山本さんは、浪江町が避難解除される事を危惧する。

「一時帰宅できるといっても、夜は泊まれない。放射能の

千葉県に購入した一軒家。しかし新たな問題が……。新居近くの山にあった採石場跡地が、特定有害物質を含む汚染土壌で埋め立てられようとしているという。山本さんは地域住民とともに反対している

線量は高い。帰っても仕事があるのは、役場や東電で働いている人達。自営業や農業の人達は帰れない。こういう複雑な状況になっているのだから、帰りたい人は帰れるように、帰りたくない人は帰らないで済むように、住民の選択肢がいっぱいあったほうがいいと思う」

●先が見えない不安と余所者扱いの現実

福島県双葉町は、震災直後に埼玉県加須《かぞ》市に役場ごと避難し、廃校だった騎西《きさい》高校の校舎に開設された避難所には、同町の住民らが暮らす（避難所は２０１３年12月に閉鎖）。

菅本章二さん（57歳）は、13年11月末まで騎西高避難所にとどまったが、それから借り上げ住宅に移転した。双葉町では母、兄との3人暮らしで、震災当時の津波に流され母親はいまだ行方不明だという。「先が見えない。故郷には帰れない。国としては帰そうとしているけれど……。借り上げアパートもいつまで暮らせるか」と話す。

◇　◇　◇

一時は騎西高に避難し、12年5月、埼玉県久喜市の借り上げ住宅に移転した鵜沼《うぬま》一夫さん（65歳）も、複雑な思いを胸に抱く。最初に避難した福島県内の避難先で、「浜通り（福島県双葉郡など）の人間は、これまで原発で潤って来ただろう。なんでこんなところにいるんだ。早く出て行け！」と、同じ福島県民から非難された。

「若い人達はこっちでの生活が始まってるから帰れないだろうが、帰りたいかって言われれば、みんな帰りたい。しかし帰れない」。そう語る鵜沼さんは、双葉町に帰れないなら、福島県内の別の地域であれ県外であれ、「余所者《よそもの》には変わりない。埼玉に残る」と言う。鵜沼さんは、双葉町で肉牛を飼いながら米作りも行う複合系畜産農家だった。現在は、埼玉で農事組合法人「双葉夢ファーム」を立ち上げ、トマトやきゅうりなどの野菜を作り販売している。

●様々な事情を抱える自主的避難者達

政府が指定した避難区域以外から避難した人、いわゆる

「自主的避難者」にも話を聞いた。

福島県郡山市の渋谷英明さん（47歳）は、震災当日、海外へ出張中だった。帰国後、なかなか福島に戻れず、そのまま東京で避難する事にした。地元では通販会社を営んでいた。預貯金などを切り崩しながらの生活で、生活レベルは地元にいるよりも格段に下がったが、都の避難住宅は、景観や交通アクセスもよく、買い物にも便利だそうだ。

「避難といっても、トタン屋根一枚のような場所で暮らしている人達もいる。同じ避難者なのに天と地ほど差のある状況には疑問も感じるけど、僕自身は今の現状を受け入れている。仕事の目標も出てきた」

◇　◇　◇

福島県いわき市の大和田雄介さん（31歳）は、自宅で家族と共に震災にあい、家は半壊し、２０１１年秋まで、都内の避難所で生活をしていた。

「避難所にいる時、都の職員の人から借り上げアパートを勧められた。でもそこにいつまでいられるかもわからないし、今より手元にお金が残らないと思い、そこを出て、住み込み寮付きの派遣仕事を得て寮に入った」

いわき市よりも派遣仕事がたくさんある都内に留まり、いわき市にいる家族に仕送りをする。地元の老人介護福祉施設にいる祖母を見舞うため、月に2度、高速バスなどを利用しているが、交通費がばかにならないと苦労を語る。

◇　◇　◇

東京を中心に東日本大震災による避難者の支援に取り組むボランティア団体「とすねっと」の代表・森川清弁護士（52歳）は、「今回の震災による避難は、広域避難であってしかも長期化している。それを念頭に住まいや健康被害の補償を、国や自治体が取り組む必要がある」と語る。

●考え方の違いを認め合えないもどかしさ

関東よりさらに遠く、鹿児島県の奄美《あまみ》大島に避難し、そこで暮らしている人達もいる。同島の奄美市には2月1日現在で10世帯27人が東北などから避難している。

千葉県鴨川市から妻と子どもの家族3人で避難した杉山きららさん（36歳）は、現在、夫婦で奄美大島北部の西海岸沿いで「イズムリカフェ」を営んでいる。「事故後の原発を巡る国や東電の動きを、市民がもっと見るべきじゃないか。知らないでいる事のツケがいつかきっとまわって来て、自分の首を自分で絞める事になる」と語る。

◇　◇　◇

會田《あいだ》紘史《ひろふみ》さん（32歳）は家族4人で一軒家を借りて奄美

市内で暮らしている。妻と小学校低学年と高学年の子どもがおり、福島県いわき市から一家で避難した。きっかけは、子どものパニックだった。震災から約1か月後にあった地震を機に、揺れると末の子が震え出したり雄叫びのような声をあげて体を硬直させたりするようになったからだ。今はアルバイトをしながら農業を営む。実は福島から2度避難している。最初は一時的な「自主避難」のつもりで東京へ避難するが、「福島に戻りたい」と妻や子ども達が言い、一旦は戻った。だが、2回目の避難の際には、子どもの事があったため迷いが消えた。最初の東京行きの時点から、福島を離れて避難する事は身内から批判された。「なぜいわきを離れなきゃいけないのか」という自分の思いが周りの人達に伝わらなかった。いまも互いの考え方の違いを認め合えない事に、複雑な心境だという。

「避難したほうが良いとか、良くないとか、一概に答えが出せない。例えば、放射能の影響をちゃんと知った上で地元に残っている人達もいる。知らないでいる人達もいる。それぞれの思いが入り混じっている。自分の家族一つの単位で考えると、自分のやっている事は間違っていないし、次につながる事だと感じている」

◇　◇　◇

渋谷丹《まこと》さん（35歳）は、宮城県亘理《わたり》町からの避難者だ。結婚を機に故郷の荒浜に戻り、陶芸家として本格的に身を立てようと工房付きの新居を建てた。その矢先、震災の津波で家はほぼ全壊した。現在、妻と子ども2人と一緒に、奄美市内の定住促進住宅で暮らし、農業と陶芸家の二足のわらじを履いて再出発を切っている。

「震災から2年半で、こんなに早く足場を持てるとは思っていなかった。こっちには知っている人もいなくて。人のつながりが作れるのかそれが不安だった。奄美でいろんな人に助けられた」

◇　◇　◇

震災だけであれば、どんなに被害が甚大とはいえ、いつか故郷に帰れるかもしれない。だが原発事故は、避難する多くの人達から故郷を奪い、人のつながりで作られてきた地域社会を破壊した。それでも人々は、新たなつながりを生みだし、その支え合いの中で、逞しく生きようとしているように私には見える。そこに一筋の光を見る思いがした。

西村仁美　にしむら・ひとみ
1968年生まれ。ルポライター。著書に、『奄美・テゲテゲで行こう！』（現代書館刊）などがある。野宿生活者を巡る社会問題を長年取材、近年は高齢者問題にも関心を寄せる。

避難先で暮らし続けるという選択

～帰りたい、帰れない、帰らない

渡部 真
●フリーランス編集者

【福島県双葉町⬇埼玉県加須市／茨城県北茨城市】

被災地でようやく進み始めた復興だが、被災者個人の「暮らしの再建」はなかなか進まない。そんな中、地元には戻らず避難先で生きていくという決意をした人達がいる。しかし、その心境は複雑だ。

●仮設住宅から出られない

避難者の自宅再建、生活再建が進まない。東北各地の復興計画の柱の一つは被災者の「暮らしの再建」である。

しかし、集団高台移転は、ほとんど完成していない。災害公営住宅も同じく、なかなか完成しない。東日本大震災の避難者のために必要な災害公営住宅は、約2万7000戸と言われるが、そのうち14年3月時点で完成しているのは、わずか2400戸。1割にも満たない。避難所生活から仮設住宅に移転が始まった11年夏、仮設住宅の期限は原則的に2年とされたが、それから3年が経とうとする現在でさえこのような状況である。

◇　◇　◇

茨城県北茨城市にある磯原応急仮設住宅は、わずか6軒の小さな仮設住宅だ。1軒だけ夫婦で入居しているが、ほかは高齢者の独居ばかり。市内で津波被害にあって避難生活を送る人達に、1Kタイプの間取りが与えられている。

磯原からほど近い中郷に住んでいた後藤夏子さん(77歳)は、津波で自宅が流されて仮設住宅で暮らす事になった。若い頃に仙台で結婚生活を送っていたが、夫と別れ、それ以来、長い間独りで暮らしている。

「誰も来ないですよ。たまに役所の人が訪ねて来てくれる」

小さな仮設住宅には、ボランティアの支援も来ない。同じ仮設住宅や別の仮設住宅で暮らす人達と交流する事もな

仮設住宅で暮らす後藤さん

いという。

磯原地区では、高台への集団移転が13年暮れになってようやく本格的に決まった。同地区で被災した約２５０世帯中80世帯が高台移転を希望している。また、自宅再建を断念した世帯は、災害公営住宅に入居する事が可能で、14年3月、まず1棟が完成し転居が始まった。しかし、後藤さんは、あと1年、仮設住宅で暮らす事を希望している。

「津波が怖いから、（中郷には）戻りたくない。ここでいい。役所に届けを出せば、（仮設住宅を）あと1年延長してくれるっていうんで、行かないと。いつかは出なくちゃなんないけど、それまで出来るだけお金使わないようにしないとね。家賃払ったら、年金だけじゃ生きていけないよ」

寝室と居間を兼ねた加藤さんの部屋には、まだ3月に入ったばかりの寒い時期にも関わらず、暖房の温もりはない。昼間はテレビも電灯もついていない。「電気代とかガス代がビックリしちゃうでしょ。昼間は暖《あった》かいからパチンコ屋さん」。自身がパチンコを打つのではなく、暖房の効いた店内で、他人がパチンコを打っているのを眺めて一日を過ごしている。自宅もなくなり、家族もいない後藤さんは、わずかに支給される年金だけで暮らしていくために、そうやって過ごす事以外、生活を守っていく方法がないと言う。

北茨木市の災害公営住宅に入居すると、月におよそ８０００～７万８０００円の家賃を支払う事になる。仮設住宅に住んでいるうちは家賃を支払わずに済む。高台移転による自宅再建や、災害公営住宅への入居による生活再建以前に、家賃のかからない仮設住宅にいながら〝普通の暮らし〟さえも見通しが立たない人もいるのだ。

●いつ戻れるか不明の中で生活再建

前作『風化する光と影』では、福島県富岡町の子ども達が、震災から約9か月後に再会した事を伝えた。そこに集まった約８００人の子ども達やその親から聞かされたのは、「富岡にはもう帰れない」という本音の数々だった。子ども達は転校先で新しい友だちを作り、親達はそこで仕事を見つけて働き始めており、すでに新しい生活をスタートさせていた。当時、富岡町は、原発事故の影響で5年間は帰還できないとされていた。仮に5年後に戻れたとしても、それまでの生活を捨てることは、難しいという事だった。

富岡町と同じ「浜通り」にある福島県双葉町から、集団で埼玉県加須市に避難した人達も、また、双葉町への帰還を断念する人が多くいる。

◇　◇　◇

大井川繁光さん（75歳）は、震災前、双葉町で「双葉理容」を営んでいた。息子夫婦や孫とも同居しており、父親から受け継いだ店を、3代目に継いでもらうため店舗を拡大しようとしていた矢先に、震災と原発事故が起きた。

ほかの町民らとともに、加須市にある騎西高校の避難所で生活を続けながら、2012年12月、避難所からほど近い場所で妻と「双葉理容」を再開させた。

「そりゃ帰りたいですよ。家族みんなで気兼ねなく暮らしたい。でも、今のままじゃ帰れない」

13年夏、双葉町が騎西高校の避難所を閉鎖する方針を打ち出しても、大井川さんは避難所から退去しなかった。せっかく避難所でできたコミュニティが再び壊されるのが耐えられなかったのだ。一方で、「双葉理容」には、双葉町から避難している人達だけでなく、地域の人達も通ってくれるようになってきた。大井川さんは、加須で生活再建していく事を決意し、13年10月、避難所を退去して借り上げ住宅に転居した。しばらくは仮設店舗で「双葉理容」を続けるが、いつか再び家族と暮らせるように、埼玉で自宅兼店舗を探していきたいと言う。

「いつになるかはわからないけど、何年か先に双葉に戻れるようになった時、子ども達がどういう判断するかわかりません。私はもう一度、家族一緒に暮らしたい。それが一番」

◇　◇　◇

この3年間に、地元以外で生きていく選択をした人達の心境も複雑だ。

岩手県釜石市から実家のある静岡県に避難して生活再建を始めた女性は、時おり釜石に戻る時、「釜石から逃げた」という後ろめたさを感じているという。地元に留まり、町の復興に尽力したり、あるいはそこで生活を再スタートさせる決意をした人達に対して、申し訳ないという思いを口にした。

最後まで騎西高校の避難所に残った80代の男性は、避難所を出たあと、福島県に戻り介護施設に入所した。家族もいるが、同居は適わなかった。だからこそ、できるだけ双葉の人達とともに避難所に残っていたかったと言う。

全国で未だ約26万7000人の人が避難生活を続ける。最大で40万人から徐々にその数字が減っていく一方で、被災者の暮らしの再建とともに、様々な思いが存在している。

第6章

未来に向けた町づくりの課題と展望

岩手県陸前高田市には、
沿岸部2kmにわたって約7万本の松原があったが、
津波によってそのほとんどが流された。
そんな中で1本だけのこった松は「奇跡の一本松」と呼ばれ、
地域の人達から震災復興のシンボルとされた。
残念ながら塩害などによって枯死したため、
現在は松の幹を使ってレプリカが作られて同じ場所に立っている。
同市に訪れる人達が足を運ぶ「震災遺構」となっている。
（撮影：2013年9月10日／渡部真）

対談

被災地を風化させないために
～これからの町づくりと被災地観光

●構成 渡部真
●取材協力 渋井哲也

開沼 博
社会学者／福島大学特任研究員

戸羽 太
岩手県陸前高田市長

震災から３年目となり、徐々に復興が進む中、被災した沿岸各地にあった「震災遺構」の解体・保存が議論となった。地元のリーダーと地元の研究者の視点からみて、今後の町づくりとともに、被災地の観光はどうあるべきなのか？ （対談実施日：2013年11月1日）

―― 震災から2年8か月の状況で、ようやく復興の兆しが目に見えてきた気がします。

戸羽 陸前高田を訪れてくれる人達にも、2013年度に入ってぐらいから、目に見える形で動き始めていると感じていただけるのではないでしょうか。瓦礫の処理に目処が立ち、これから市街地のかさ上げ工事や、高台の住宅用地の造成が本格的に進んでいきます。一方で、まだかなりの行方不明者がいます。現在、125人の方の行方がわかっていません。2013年に入ってから、行方不明の遺体が見つかったのは、合計2人。1年間捜索してもそういう状況です。ただ、これは今後も継続していかなければいけない事だと思います。

―― 陸前高田市では、復興を8か年計画で実現する事を目標にしています。

戸羽　建設関係の皆さんに、復興事業について入札を募集しても、なかなか入札に応じていただけないとか、あるいは、資材や人手が、どうしても足らない。東京オリンピックの影響もあるでしょう。そういう中で復興事業を進めていますので、本当に厳しいという実感を抱きながらやっています。例えば、市街地の一部をかさ上げし、そこに新しい市街地を形成しようと計画しています。その区画整理に関して、おおよそ2300件にもなる土地の地権者に、一件一件、承諾をいただく作業をしています。しかし、すぐに承諾がもらえるかというと、やはりなかなか難しい。地権者が亡くなっていて、新しい地権者が不明だったり、遺族がいても相続が決まっていなかったり……、見つかっても合意を得られるとは限らない。あるいは、地権者が避難してしまったり、別の土地の方が相続していたりして、陸前高田に住んでいる人ばかりではない。地権者が東京に住んでいれば、うちの職員が出向いて、承諾のお願いをしているわけです。事業の変更があると、再度お願いに行く。これはとてつもない作業なので、いま国に、こうした復興事業に関する区画整理の際、地権者との関係を時限的に市長判断で進められるような立法をお願いしています（※注：2014年2月、政府が特例措置を認定）。

――　復興の障壁という点でいえば、市町村と、県や国のあり方が問われています。

戸羽　今後、国、県、市町村のそれぞれ役割を見直していくべきですね。特にこういう大きな災害が起こった時に、今までと同じ関係でやりとりしていると、非常に無駄な時間がかかっているというのが現実です。これは、日本の危機管理の問題にも繋がっています。例えば今後、東京で同じような大災害が起こった時に、同じルールでやるつもりなのか。今回の被災を教訓にして、緊急時にはルールを柔軟に対応させるという前例をきちんと作っておけば、今後の災害の復興は早く進むわけです。福島の市町村の方々は、もっとジレンマの中にいると思います。福島の原発の話は、そこに住んでおられた人々の事よりも、今後の日本のエネルギーをどうしようかという論点に変わってきている。いま安倍首相がしきりに海外に原発を売っていくんだと言ってる。国の政策としては理解できます。しかし、そんなに安全なら東京湾になんで作らないんですかって、私は思いますね。そういうところをクリアにしていかないで、口では「復興」と言われ、現実問題としては、時間とともに日本全体の意識が薄れていく。

開沼　福島の場合ですが、津波や地震あるいは原発の災害の直接的な被害を受けてる沿岸の地域と、そこから山を越えて県庁のある内陸の地域では、震災に関する温度差は相当違うわけです。そこでの課題というのは本当はものすごく複雑なはずなのに、いつの間にか単純化されてしまう。2012年12月の衆議院選挙以降が象徴的でしたが、「復興を進めよう」あるいは「復興をやってきました」とマニフェストの一番最初に書いている。ところが、いつの間にか脱原発になったり、TPPの話になったりする。復興政策を掲げていながら、ちゃんとした政治的な論点になっていない。国全体として扱うべき問題と、そうじゃない問題をそれぞれ整理して、互いにどう接合していくかっていう事が重要なのかなと思います。東北の被災地域は、「日本社会の課題先進地なんだ」「ここの問題を解く事によって日本の未来が見えるんだ」っていう事を、国政の文脈として乗っけていかないと、「あそこだけの問題だね」って思われてしまう。

戸羽　被災地の問題は、ＴＰＰとか消費税増税の問題のように、直接的にすぐに国全体に影響するわけではない。だけど、ここで起きている問題が、日本社会全体でも、クリアしなきゃいけない課題だとすれば、それは政府としてやるべき事の１つなんですね。

市民の声をどうやって吸い上げていくのか

――　自治体と市民の関係も、震災以前と震災以降では変わってきています。

開沼　自治体だけでは解決できない部分を、どう捉えるかというのが重要で、そこを拾い上げていくような新しいシステムというのも重要です。例えば、福島県の会津での話ですが、若い人が会社を立ち上げ、原発事故の影響で大熊町などから会津に避難してきたお母さんとかおばあちゃん達に、会津木綿という地場産品を使ってもらって、手仕事をお願いしているんです。そうして作ったストールなどをネット通販や東京の店舗で売るという事をやっています。その中で、手仕事の講習会や、あるいは商品の受け渡しなどで、顔を見るという事が大事なんですね。こうする事によってコミュニティが新しくできて、仕事に繋がり、引きこもりがちになってしまう避難者の健康状態をうかがったりもできる。商売としてみたら小さな事業かもしれないですけど、実際にやっている事というのは、雇用再生であるとか、コミュニティ再生であるとか、地域の外への流通であるとか、これまでは行政がやってきた事だったりするわけです。行政がやる部分と、そうでない部分を、行政と市民が互いにどう支え合うのか。

戸羽　皆さんから意見を聞いて、それを全部取り入れる事はできない。でも、皆さんと直接会って対話すれば、私の意見も言えるわけですね。地方の町づくりの一番の難点は、あきらかに方向性を間違えている意見でも、地域の重鎮が発言すると、それに従わなきゃいけないって不文律みたいなものがあるわけです。70歳、80歳の重鎮の意見を聞きながら町づくりをすすめていけば、それは良いところもいっぱいあります。高齢者の方々にきちんとした生活をしていただくというのは行政として当然です。一方で、すごいお金をかけて、すごい時間をかけて、みんなで我慢してやっているのに、町ができあがって15年、20年経って、２０００人しか人が住んでない、そんな事になるなら、やらない方がいい。ベテランの方々と若い人達の思いを、どう融合させていくかが、復興のバロメーターだと思うん

戸羽太　とば・ふとし
1965年、神奈川県生まれ。幼少～青年期を東京都町田市で過ごす。米国留学、東京での会社勤務ののち、父の地元である陸前高田市に移住。同市議会議員、助役（副市長）を経て、2011年2月6日に激戦を制し市長に当選した。その直後、東日本大震災に遭い、自らも津波で妻を亡くし、現在、子ども２人を育てる。近著に「がんばっぺし！ぺしぺしぺし！陸前高田市長が綴る"復興を支える仲間"との732日」（大和出版）。

ですね。高校生のお子さんが、就職や進学を機に、高田から出ていかれるケースが多いわけです。だけど、その子ども達が、大学や社会で勉強した後、高田に戻って来られる環境を作ってあげたら、実際に戻ってくる人達もいるはずなんです。例えば、若い人の雇用環境を整備して、陸前高田で就職できる環境を整える。そう考えると、若者の雇用対策が、実は高齢者達にとっても家族の問題になっていく。それを示すのが、我々の役割です。

マンネリズムが風化に繋がっていく

開沼　市長はまだお若いので、20年後、30年後を具体的に考えられるところなのかなと推測します。一方で、自治体によっては、かなり高齢の首長さんがいらっしゃる。ある面では、地元の重鎮の意見をとりまとめるのが上手いわけですけど、そういう地域は、なかなか市政に若い人達を巻き込んでいけていない。若い人をいかに活かすかという事で、何か工夫されてるところはありますか？

戸羽　基本的には、自分だけで何かできるわけじゃないという事を、自分自身がわかっているので、人に頼る事にしているんです。自分がやりたい事があるけど、自分だけでは実現できないし、勉強している時間もない。だったら、できる人と友達になって、こっちの意向を伝えて、その人に丸投げしちゃう。そうすると気持ちが楽になりますし、スピード感がぜんぜん違うんですよ。民間と行政の大きな違いでもありますね。我々が検討しますっていうと、3か月、半年かかりますけど、民間のスピード感だと2週間も経てばもう結論は出てる。役所の中というのは、すごく官僚的と言えばそれまでですが……。人によっては、自分で決めていい事さえ上司に聞いてるわけですね。そうじゃなくて、誰も責めないから自分で決めろよと。若い人は、地位も低く権限も小さい。もちろん、若い人の意見を全部は実現できないわけですが、部署によっては、ドンドン進めてもらって良い部分もある。そういう組織になっていけば、ある程度、若い人達の感覚っていうのは吸い上げられるはずですよね。様々なプロジェクト毎に、中間管理職ぐらいの人をどんどんリーダーにして、責任感を持たせて実行させる。成功事例が出てくれば、周りの刺激になって、「私もやりたい」「俺もあんなふうになにかプロジェクト任せられたい」って思ってくれれば、行政も町づくりも進むものだと思います。その役割分担とか責任分担というものが、地方の役所は下手だと思います。全部、市長なんです。例えば、「敬老会に来てくれてありが

開沼博　かいぬま・ひろし
1984年、福島県いわき市生まれ。福島大学特任研究員。東京大学大学院学際情報学府博士課程在籍。専攻は社会学。福島にある原発を通して、中央と地方の関係に鋭く切り込んだ修士論文が、『「フクシマ」論 原子力ムラはなぜ生まれたのか』(青土社)として2011年6月に出版され、毎日出版文化賞を受賞。近著は『1984 フクシマに生まれて』(共著、講談社文庫)。

とう」なんていう謝礼のハガキが来たとして、それに関係する課の間を渡って5人も6人も判子ついて、最後に市長のところに来るわけです。そんなもの私だけが見ればいい話です。そういう事に疑問を持たないんですね。

開沼　それって、決められたスケジュールをこなしていくという、日本社会の問題でもありますね。例えば、メディアで「311」をどう切り取るかというフレーズも、どんどんパターン化していいます。震災から半年、1年、3年って少しずつ薄まってきて、いつの間にか決められたフレームだけを伝えるイベント化されていく。その時だけ問題が起こっているわけじゃない、という点をどういう切り口で伝えていくかというのは、とても頭を使わないとダメ。あるいは見せ方も、地元の側から、「いま、ここで起きている問題と震災を、こういうふうに組み合わせて考えられるんじゃないですか」みたいに情報発信をしていく必要がある。

――　そうした、ある種のマンネリ化が「風化」にも繋がっていくわけですね。

戸羽　そうですね。風化は絶対に進んでいきます。私は全国から講演などに呼ばれますが、私が行く意味を考えて、お伝えしているつもりです。さらに、そこでできた全国との繋がりを、陸前高田の財産にしていく。復興したら「はい、じゃあね」と言われてしまったら、この町が廃れていくのは目に見えてます。復興は果たせても、それまでに出来た関係を、どうやってつなぎ止められるか。被災地が忘れられるという「風化」をできるだけ阻止するとともに、この震災を通じてできた「関係の風化」を阻止する事も、私の役割ですね。

出来るだけ意見を聞き 最後に決断するのは市長の責任

――　「風化」という話が出ましたが、現在、津波で被災した自治体では、「震災遺構」の取り扱いについて、各自治体とも、なかなか対応が決められないという状況があります。一方で、戸羽市長は、早くから震災遺構に対する方向性を打ち出しました。

戸羽　例えば「私の亡くなった息子は、旧市役所でずっと働いていたので、その場所がなくなるのは、かわいそうだから残してほしい」という人もいました。逆に「あれを見ていたら私は立ち直れないから、一日も早く壊してほしい」という要望もくるわけです。その時、私の中には、「立ち直れない」とまで言われてしまったら、そちらの意見をとるべきだなという思いがあります。そして、市民と意見交換をする時に、皆さんの意見を聞きます。様々な意見が当然出てくる。ただ、そこでは自分の意見も言わせてもらう。時間が経てば経つほど意見が別れて、事態が複雑になっていく。どこかで、自分が一旦は悪者になってでも、決断しなければ進まない。

開沼　早く動かなかったが故に、時間が経つともっと難しくなる問題というのは非常に多くあるわけです。仮にそれが完全ではないとしても、早い段階からやっておくというのが必要なのかなという事はすごく感じます。私は、ここ半年間で、原発事故のあったチェルノブイリに2回行き、先月は津波被害のあったインドネシアのバンダアチェに行きました。そういう被災地の先輩から学ぶ中で、やっぱ

陸前高田市では、被災した市民の住宅用として高台の造成が進む。山を造成し、そこで出た土砂を市街地に巨大ベルトコンベアーで運ぶ

り早い段階から手を打っていた事が、現在の町の復興にとても活かされてるという事を感じるんですね。例えば、チェルノブイリでは、事故から1～2年後には、この事故の記憶をどうするのかと、動いている。もちろんそれは、ソビエト的な国家威信の物語を作っていこうという事であって、それ自体を日本で真似できるものではないけれども。その時期から動いていたから、いましっかりその事を伝える博物館が現地にあったり、原発事故の爪痕を辿っていくルートができていたりする。バンダアチェでも、やはり同じようなことがあります。重要なのは、早くから論点設定をしていく事なのかなと思います。

―― 開沼さんは、批評家の東浩樹さんらとともに『福島第一観光地化計画』というプロジェクトを提唱しています。この時期に、こうした計画に対して反発もあったと思います。

開沼　私は、政治家のように決断をして社会を直接的に動かせる立場ではないけれども、学者として話を聞いてもらえる立場の中で、早い段階からやれる一つの手段として、観光地化計画という事を言っている部分があります。

―― 復興がようやく動き出したという段階で、観光どころではないと考える自治体の実態もあります。地元の行政との連携が、なかなか難しい面もあるのでは。

開沼　観光というと、遊びみたいなイメージがあるのですが、そうではありません。いま、被災した自治体には国から復興予算が出ているわけですが、今後、こうした予算が減っていく事はあっても、増えていく事は考えにくい。福島では、原発交付金に頼る事もできなくなります。その中で、どういうふうに持続的に財政問題を考えていくか。地域の問題を解決しながら、健全な自治体の運営を継続していくか。「観光」というのは、自治体の産業として、1つの手段です。そもそも、東北の被災地が抱えている問題は、震災以前から、いずれ大きな問題になると考えられていた問題です。一次産業の衰退、高齢化、若者の地元離れ、こうした問題は、震災がなくても、いずれ対応しなければならなかった。復興の初期段階である今のうちに、その地域が抱える問題について、行政だけでなく市民が一緒に考える回路を、いかに作るか。ただし、いろんな意見が出過ぎて、合意形成できなくなったっていうんじゃ失敗です。

戸羽　議論をしていると、最後は絶対にお互い譲らないみたいなところがあるんです。私は政治家ですから、最後は、将来の事を優先して考え、私が判断をさせていただく。

「震災遺構」や「被災地観光」を受け入れる

―― 旧市役所や旧体育館などを解体すると決断した一方で、国道45号線沿いにある4つの震災遺構を保存していく方針ですね。

戸羽　復興計画の一環として、震災以前に高田松原があった沿岸一帯を復興祈念公園にする計画です。その周辺には、「奇跡の一本松」と、その後ろにあるユースホステル、これをセットで残し、「道の駅・高田松原」「気仙中学校」、そして「促進住宅」ですね。この「促進住宅」は5階建てなんですけど、4階までが完全に津波の被害にあっていて、津波の高さが一目でわかるので、残そうと考えています。

―― 被災した自治体の住民の中には、自分の地元が観光地化される事に対する不安感もあります。

開沼 そうですね。やっぱりその拒否感もすごいわかるわけですよね。被災地を訪れる人達が、自分が見たい部分だけ見たりとか、あるいは自分の思い込みを被災地に押し付けて自己満足に浸る、そういう部分への違和感を持っている地元の方は多いし、それがさらに拡大されて再生産されるんじゃないかっていう危惧があるのかもしれない。それに対しては、地元の人が外の人の目を誇りに感じるように繋げていく事が重要ですね。その逆に、外から被災地に来て、その地元が抱える問題なども理解してもらえるように繋げていく形も重要です。具体的には、すでに各地で始まっていますが、地元の方による「語り部」ですね。今日、先ほどあがった4つの震災遺構を見てきましたが、全体的にはまだ工事中ながらも、すでに駐車場を整備したり、慰霊施設が建てられていました。外部から来た人が、被災地をまわる時のポイントなどを、受け入れる側でも整備していく事も必要になると思います。宿泊施設なんかもそうだし、交通インフラなどもそうですね。

戸羽 福島の場合は、今まさに原発事故が起こっている最中に「何を言ってるんだ」という人はいると思いますけど、開沼さんがさっき指摘されたように、今から少しずつでも話を出しておかないと、じゃあ5年後からスタートしましょうって言ったって、その時どうなってるかもわからない。亡くなられた方や、避難を強いられてる方々が、なんでそういう思いをしたのかという事もきちんと後世に伝えていく事が、次世代の人達に対しての投げかけにもなる。震災遺構を残すというのはまさにそこなのです。町を復興していくっていう事は、平常時の形に戻っていくわけです。そこに、なんの痕跡もなくなれば当然みんなの意識からも震災の記憶はなくなります。陸前高田では、いま「桜ライン」というプロジェクトを若い人達が中心に進めてくれていますが、これは、津波が到達したラインに桜の木を植えていこうというわけです。なぜここに桜が植えられているかって事を、その桜の木がある限り後世に伝えていける。そういうのも、伝承の形として必要だと思います。形・ハードとして整備していくとともに、人々の意識・ソフトの面でも伝承できるようにしていかなければなりません。

―― ソフトの面で言えば、市民の方にむけて、防災意識の教育も重要になります。

戸羽 陸前高田は、これから図書館も作らなければいけない。ただ、その図書館は、本の数だけ揃っていれば良いというものにしたくない。地震や津波などの災害に対する様々な文献、難しい研究書も含めて、そういうものが陸前高田の図書館に行ったら全部集まっている、災害という事についてはかなり深く調べられる、そういう図書館の再建を、町づくりとセットにすれば、それも一つのツーリズムのコンセプトとして成り立つだろうと思っています。そういう町づくりを目指しているからこそ、震災遺構は絶対に必要なんです。

開沼 修学旅行とか移動研修とか、被災地にはそうした活用方法があると思うんですね。そういう面も含めて、市民の方に丁寧に説明していけば、不謹慎だとかやめろって話は少なくなるはずで、各自治体とも、そこはもっと正面から話し合っていって欲しい。市長が言われた図書館の話のように、具体的にその地域にある資産を使って、何を生み出していくべきなのかというところまでもっていければ、被災地の観光という側面は、かなり変わってくると思います。

戸羽　いま、大企業の皆さんには、企業誘致よりも、まず「新人研修だけでも、必ず陸前高田に」という事をお願いしています。そうすれば、外から来た人が、少しずつ陸前高田でお金を使ってくれるようになる。例えば、3泊4日の研修だったら、1日は町に出て飲食店で食事をしてくださいとか、自由に出かけられる夜の時間を作ってくださいとか、そうやって地道な事をやって、そこから陸前高田を理解していただいて、サポーターを増やすという事をやっていきたい。

開沼　すでに、多くの震災遺構が解体されてしまっています。この議論を、今後、どう繋げていくかというのも大きな課題だと思っています。

「支援」ではなく「応援」のために被災地を訪れる

――　被災地以外の人からすると、被災して大変な状況なのに、観光に行って良いのか？という躊躇があると思います。

開沼　それは躊躇なく来ていただければいいし、来るのが大変だったら通販で物を買うとか、今いくらでもインターネットで出てくるわけですよね。関わり方って、たぶんいろいろあるわけです。外から来る人も、何かハードルを上げすぎなのかもしれませんね。被災地に行くならボランティアにいかないと不謹慎であるとか思っているのだとすれば、それは勘違いですよね。だからって、パっと来て、遺族が慰霊している横で、記念撮影の感覚で写真バシャバシャ撮って帰りました、みたいな行為が地元の人に反感を持たれるなんて事は、ちょっと考えればわかるわけです。最低限の心構えを持って来れば、大きな問題は起きないと思います。

戸羽　私も、ぜひ被災地の状況を見に来てくださいとお願いしています。本当によく言われるんですよ、企業からも「支援したいんだけどどうしていいかわからない」とか、フェイスブックなどでも「被災地に行きたいんですけど、本当に行っていいんですか」というお話です。皆さん、ナイーブに考えすぎかなと思います。メディアから伝わる状況だけでは、実態がうまく伝わっていないというもどかしさをいつも感じています。例えば、来ていただいた高校生でも大学生でも、家に帰られたらお父さんやお母さんやお友達に、陸前高田の状況を伝えてもらえれば、直接見た人の言葉として、周囲の人に伝わっていく。その伝道師的な事をやっていただけるだけでも、我々にとってはとても大きな応援になります。被災地まで足を運べなくても、テレビの前で応援していただけるだけでもいいし、あるいは朝起きて寒いなぁと思った時、東北って寒いだろうな、大丈夫かなって思ってくださるだけでも、我々にしたらありがたい事なのです。時間とお金が許す方は、ぜひ現地に来ていただきたいと思います。

東北復興に向けて待ったなし！
～被災地首長、4年目の決意

【岩手県釜石市／福島県南相馬市】

津波による被災地の復興の前に立ちはだかる様々な障壁。原発事故をめぐる県や国との連携の難しさ。困難な課題に立ち向かい続けている2人の市長に話を聞いた。

渋井　哲也
●フリーライター／取材協力：渡部真

震災から3年が過ぎ、4年目を迎えた被災地では、依然として復興が大きく進んでいるとは言えない状況が続いている。「地元では、具体的な計画が示されないので、元の場所に戻る事を諦め、新天地に移ろうかと思っている」といった声もあがる。何が復興の妨げになっているのだろうか。被災した沿岸地域の首長の言葉から、現状の課題をひも解いていきたい。

●国の方針が遅い

2013年11月、岩手県釜石市の野田正則市長に復興の課題について話を聞くと、開口一番「用地問題」をあげる。津波で被災した市民の高台への集団移転や、浸水地域での新たな防潮堤の建設、避難道路の設置、それら復興には、用地確保が前提だ。土地の整理に苦労しているのは、津波で被災した多くの自治体で共通の課題である。

「なんとか早く解決する方法を作っていかなければならない。ただ振り返ってみると、当初から制度との戦いだったんですね。土地の所有者やその範囲の確定、所有者の確認、交渉……。相続人がはっきりしていない場合もあり、課題があるんですね。財産権にどう対応していくか。実はこれが全てだった。復興が遅れている大きな原因だ」

もちろん、国も対策をとっていないわけではなく、土地収用の手続きの効率化を図っている。しかし、被災した自治体が求めるスピード感には追いつけていない。

釜石市・野田正則市長

そもそも「被災者」の定義も難しい。特に「長期避難者」は複雑だ。自宅は残ったが、地域が一定程度被災していれば、その地域に住み続ける事が困難な場合がある。さらに、自宅等が「全壊」「大規模半壊」「一部損壊」のどこに認定されるかで、その後の補償が変わってくる。

「それぞれの事情によって、被災者対応されたり、そうでなかったり。また、罹災証明書がどう関わるか。それを発行する段階の審査で、『あなたの家は全壊ですよ』などと一定の基準がある。しかしそれを調べるのは人間。はっきりと分かるところはいいが、市町間のなかでも違いが出てくる。例えば『隣町の全壊はこういう基準で出ている』『隣の町は厳しかった』と。本来、行政は、そうした違いがある事は許されない。主観的な心情を挟まない事が最も大事で、これを崩したら全体が不公平感を持ってしまう」

その結果、住民同士で被災対応に差を感じる事がある。

「市民の中にある心情は不公平感です。被災者同士の中にもあるし、（住宅の罹災証明などが出る）被災者と、そうでない人の間にもある。行政として、守るべき基準はきちんと守る。その上で被災された方の心情に応えられるところは応える。隣町の大槌町は職員が亡くなっていて、応援のために別の自治体から来た人が、審査をやらざるを得ないから、一定の感情に惑わされない。感情に流されず、不公平感を生じさせない厳密な判断が必要な部分もある」

◇◇◇

13年10月、宮城県の村井嘉浩知事は、「震災遺構」の保存について国に対して具体的な対応を求めた。それに対して、復興庁は11月になってから、震災遺構について、1自治体1件のみ、保存の初期費用を国の予算で支援するという方針を出した。しかし、すでに多くに自治体では、震災遺構の解体が進んでいた。釜石市では、「鵜住居地区防災センター」（10ページ）を保存するかどうか議論となったが、解体を決定した後に、国の方針が出た。

「確かに残す意義もあるし、残してはならない、そういう場所でもある。判断が揺れてたのは事実です。ただ最終的には、遺族の皆さんとか地域の皆さんとかが、圧倒的に解体をして欲しいと望んだ」

復興庁の方針では、管理・維持費は出されない。また、指針を出したのも、震災から2年半以上が経っていた。

「一旦解体って決めたところが、また議論していかなければならないという事にもなりかねない。（方針を示すのが）遅すぎた。もっと早ければ、我々もそれを踏まえながら判断していく1つの材料にはなった」

◇　◇　◇

産業振興としては、商業地区活性化のため、新日鉄の土地に大手スーパーのイオンを誘致、14年3月に開業した。「本来であれば、被災地域ですから『ここを捨てて新しい場所に』という考えもあります。しかし、釜石市には余分な土地がない。今後の発展を考えると、いまある土地を利用していかなければならない。中心街や拠点性というものを維持し、釜石の中心であるとともに、三陸沿岸の中心という位置づけは崩せない」

●誰もが安心して戻って来られる環境づくり

一方、原発事故の災害による被災地は、別の課題が山積みだ。震災後の福島県内の首長選挙では、現職首長が次々と落選する中、踏みとどまったのが福島県南相馬市の桜井勝延市長だ。14年1月、再選した翌日に話を聞いた。

「震災以降、本当に（課題を解決）する事の連続だった。国政での政権交代後、本格的に復興にはずみがつくのかどうかは、正直言ってわからない。政権交代から1年が経過したが、現場には、まだその感覚はない。結果として、私は選挙で信任を得ましたけれども、何とか踏ん張って頑張ってくれよと。もっと何とかして欲しいんだという、叫び声を受けたものです。それは、市民の慟哭です」

◇　◇　◇

桜井市長は震災後、原発事故などに関して情報が入って来ない事や、その後の対応に関して、なかなか県や国との連携が進まない中、国と直接交渉するため、政府の官僚と何度も話し合った。そうしたやりとりで「クレーマー」と言われた事があったという。しかし足しげく通う中で理解のある官僚も増えていった。

「原発事故に関しては、国からも県からも情報が来なくなり、物まで来なくなって、棄民扱いされた状況の中で市民の命を救わなければならない。そういう必死な状況の中で3年間やってきた。当初は、実態を理解していない霞ヶ関官僚が非常に多かった。でも本当にしつこく足を運んで、私の姿勢が少しずつ浸透してきている」

南相馬市は原発立地自治体ではない。そして大雑把にいえば、20㎞圏内の小高区、20～30㎞圏内の原町区、30㎞圏外の鹿島区に三分した。いま、南相馬市に行けば、小高区では生活が制限されているが、鹿島区や原町区は、生活が

南相馬市・桜井勝延市長

戻りつつある。

「小高でも、〃死の町〃からようやく〃人が通う町〃、〃人が歩ける町〃になった。本格的に復興に着手できる段階まで、ようやく回復しつつある。市民の皆さんの中には、単なる被害者とか被災者というだけではなくて、自分たちの力でなんとかしようという思いも芽生え始めて、横に広がりつつある。重層的に力強くバックアップし、彼らがやっていける確信を持たせる事が我々の仕事と思っている」

福島県は脱原発宣言をし、いかに原発に頼らない街づくりができるのかが課題ともなっている。

「原発事故で破壊された生活、心、家族、地域。これらを原発では再生できない。自分たちで新しいエネルギー分野、新しい産業、新しい地域作りに挑戦しなければならない。自分たちがやる。だから国もちゃんとバックアップしろと。そういう地域にしてかなければ、本当の意味での国との戦いにならない」

◇　◇　◇

そうした復興の道筋がある中で、いま最も重要な課題の1つは労働力不足だ。原発事故で多くの人が避難した。転出した人の大半が働く世代だったという。

「市外へ避難した人たちに、本当にここに戻ってきても大丈夫なんだという確信を持たせなければ戻ってこられない。南相馬で安心して子育てができるような政策や、子どもたちの安全を確認してもらって、除染から健康管理から、やれる事を全てやりきる。その上で、誰もが戻ってもいいという環境を作らなければならない」

原発事故がなければ、地震と津波対策が防災の中心だったはず。避難した人々も、沿岸を中心とした町の復興に加え、放射線についても気を使うようになった。元のような南相馬に戻るには、地震や津波に加え、3重の課題が残る。

「例えば双葉郡から来る人たち、また市外から来る人たちにも、広く懐を開いて、『ここで一緒にしっかり生活しよう』『生活を再建しよう』と伝えていく。また学生たちが南相馬で研修できるような制度を作り上げ、ここで学べる、ここで研修できる体制を作る。それよって新しい人たちが入ってくる。そのためにも、やりたい事、やれる事は、何でもやっていこうぜと。そのための財源は我々が何とか手当する。国からも、東電からも、むしりとってくるという思いですよ」

集団移転による自宅再建が進まない

～地元住民に不公平感と恨みを生み出す復興計画

村上 和巳

●ジャーナリスト

【岩手県岩泉町／宮城県亘理町】

震災から3年を迎えた今も、住宅の高台移転は遅々として進んでいない。用地確保の難しさ、企業誘致による地価の高騰……様々な課題が地元住民に影を落とす。

津波による浸水で大規模な被害を受けた地域の中では、将来の津波を想定して地域の集団移転に関する検討が進んでいる。現在、集団移転については国土交通省が所管する防災集団移転促進事業と、農林水産省が所管する漁業集落防災機能強化事業の2つがある。前者は被災住民の移転に、後者は被災した漁村の再生機能にそれぞれ重点を置く。だが、いずれにせよ震災から3年を迎えようとしている今、集団移転地で新たな生活を迎えている被災者はほとんどいない。なぜ集団移転は進まないのか？　その現場を歩いた。

●移転計画によって生まれた地元の軋轢

今回の震災で津波被害にあった岩手県北部の岩泉町小本地区。死者数は1桁にとどまったが、建物被害は200棟超、仮設入居者は300人超に上った。

同地区は漁業関係者が多く、震災直後から半壊家屋を修復したり、新たな家屋を建て直して再び生活を始める住民も現れた事に配慮し、町は被災集落に法的な居住制限がない漁業集落防災機能強化事業による地区の集団移転を最終的に決定した。ただ、多くの住民は集落から1㎞ほど離れた仮設住宅で今も暮らす。

仮設住宅の住民には震災直後に高台移転の是非に関するアンケートが一度行われたが、町側は2011年秋に策定した復興計画で、三陸鉄道小本駅近くの内陸平地を集団移転候補地に選定した。住民の1人は「結局、高台を切り開

岩泉町小本地区の仮設住宅。奥にある民家脇の空き地が集団移転の第1候補地

いて造成すると莫大な費用がかかるという事で津波の来ない平地に決めたらしい」と事情を語る。

しかし、この計画が波紋をもたらした。候補地は民有地だったが、地権者の一部が頑なに売却を拒否したからだ。そのうち1人は、小本地区で半壊家屋を建て直して居住し、仮設住宅に暮らす住民達とも互いに顔見知りの間柄。この事態に仮設住民からは「同じ被災者なのにこちらの苦境がわからないのか」との憤りの声も上がった。

一部の仮設住民はこの地権者の親族を通じて説得を試みたが翻意は促せず。結局、岩泉町小本支所、小本地域振興協議会などが2012年6月に用地確保に協力を求める要望書を地権者に配ったが、それでも解決には至らなかった。

ある住民は次のように語った。

「仮設住民からすれば半壊でも建て直せた住民は羨ましい気持ちはある。一方、家屋を建て直した住民もなけなしの金や借金で自宅再建にこぎつけ、自分達も被災者だから恵まれているとの意識は毛頭ない。ただ、外部からの被災者支援はどうしても仮設住宅に偏りがち。住民同士の関係に隙間風も吹くわけです。そこにこの用地取得問題が起こり、余計に住民間がギスギスしてしまった」

被災前も住民同士に付き合いの濃淡はあったが、それでも狭い地域で毎日顔を合わせ、挨拶を交わす事が十分に緩衝材になってきた。だが、車社会の同地域では居住場所が物理的に1㎞違うだけでも互いに顔を合わす機会は大幅に減る事も災いした。

地域の関係者は町役場小本支所でイベントを開催するなどして、双方の住民の交流機会を少しでも増やそうと努力もしたが、結局頑なな地権者の態度は変わらず、町側は震災から約2年半を経た13年8月に取得できた土地のみで、見切り発車の集団移転地造成を始めた。

この間に待ちきれず小本地区を離れた住民もいる。また前述のように小本地区は建築制限がかかっておらず、地区を囲む防潮堤建設も始まったため、元の宅地で家を新築し始めた被災者もいる。

ある同町住民はこう語った。

「結局、3年待って残ったのは一部住民間の恨みだけかもしれない」

●思いのほか高額になった移転造成地区

一方で国土交通省の防災集団移転促進事業を活用した宮城県南部の亘理《わたり》町では、集団移転先として町内5団地6か所に200区画を整備し、今年6月までに移転希望者への引き渡しを終える予定だ。既に1月にはこのうちの大谷地団地の4区画を移転希望者に引き渡した。

一見、順風満帆にも見えるが、町が被災住民に意向調査を行った上で決定した造成区画に対し、途中から住民の辞退が相次いだ。このため町は災害危険区域外でも、津波で自宅が半壊以上の被災者を対象に入居希望者を改めて募集した。しかし、国土交通省の防災集団移転促進事業はあくまで自治体が災害危険区域として居住を禁止した区域の住民が対象。このため国が亘理町に対し、同事業のために支出した復興交付金の返還を求める事態になっている。

被災住民の1人は次のように語る。

「結局、原因は事業の遅れがほぼ全て。着工が震災から2年以上たった13年5月。一刻も早い自宅再建を望む我々の中ではもう待ちきれないという気持ちが充満していた」

このため、町外に新たな住居を求めた被災者もいる。この集団移転用団地に入居を予定している被災者Aさんも、一時期は辞退を真剣に検討したという。その理由が団地の土地価格である。

防災集団移転促進事業では、団地の土地は被災者自らが買取るか賃借し、自力で自宅を再建する。ただ、その際に住宅ローンを利用した場合、利子相当分は同事業で補助される。そしてAさんが入居予定の団地の土地買取価格として町が提示したのが一坪当たり約9万円。

Aさんは「探せばもっと安い土地もあった。自分の場合、全壊した自宅のローンもまだ残っている事や仕事の利便性を考えると、利子補助を受けられる団地入居を選択せざるを得なかった」と苦渋の決断だった事を吐露する。

また、この土地価格の「不平等さ」を訴える被災者もいる。亘理町の集団移転先のうち1か所は同町の中央工業団地にほぼ隣接する地域だ。同工業団地は、被災地域での産業振興を目的とした経済産業省の「津波・原子力災害被災地域雇用創出企業立地補助金」の対象地域。これを武器に町は企業誘致を行い、震災後に数社の誘致に成功した。福島第一原発で汚染水漏れを起こした貯蔵タンクの製造業者・東京機材工業もそのうちの1社だ。

問題はその分譲価格で、同団地の坪単価は公式価格で約4万8000円ほどだが、実際には応相談のため概ねこれよりは安めとなる。実際、ある町の関係者は震災後に進出した企業の中には坪単価2万円程度で土地を取得した企業もある事を明かす。ただ、土地取得後の造成は進出した企業が自ら行わなければならない。

同町の仮設住宅に暮らす被災者Bさんは「常識的に考えれば造成費用を見積もって加えても坪単価9万円にはならないはず。しかも企業側は補助金もあるんだから。いったい誰のための復興なんでしょう」と不満を漏らす。

同町では別の問題も浮上している。

災害危険区域外だった津波浸水地域では震災直後、自宅を自力再建した被災者も少なくなかった。しかし、ここにきて町が策定した復興計画で新たな土地の嵩上げや内陸への避難用道路の建設が決まり、その影響で土地の一部を収用されたり、再建した自宅を改めて解体する必要が出てきた被災者もいる。中にはようやく津波による被災からの整理を終えた地域の神社の敷地が、その計画と干渉し、江戸時代に建てられた由緒ある鳥居を取り壊さざるを得なかったという事例も。

災害危険区域外でこれから自宅を再建しようとしている被災者は次のようにこぼした。

「改めて業者に見積もりを頼んだら、1年前の見積もりよりも上がっている。理由を尋ねると『作業者の人件費が高騰している。オリンピック開催が近づけば人手不足になるのでもっと上がる』と言われた」

「復興」というキーワードに集う関係者の思いは、いまなおすれ違いが続いているのだ。

医療費の窓口免除が命を左右する

～打ち切られた宮城県で起こる自殺・治療控え・人口流出

渋井 哲也 ●フリーライター

【宮城県気仙沼市／仙台市ほか】

生活再建がままならない被災者にとって、重くのしかかるのが医療費だ。被災者に対する医療費窓口負担の無料措置が打ち切られた宮城県では、低所得層を中心に様々な問題が生じている。

「震災後、ある女性がうつ病になったんです。彼女の両親も体調不良などで通院していたのですが、（13年3月以降）国保の窓口負担無料が打ち切られました。それで医療費を節約しようと考え、女性は精神科にいかなくなったんです。その後、女性が自殺したと聞いて、早急に対応しなければならないと思ったんです」

そう話すのは宮城県気仙沼市の五右衛門ヶ原運動場仮設住宅で暮らす長井裕子さん（64歳）だ。市内でも最大規模の仮設住宅で、自治会長として活動している。

震災後、被災者の医療費の負担軽減のため、「国保加入者の一部負担金減免制度」が適用された。国民健康保険に加入していれば、病院での窓口負担は無料になるというものだ。対象となるのは、以下の要件に該当した人になる。

（1）住家の全半壊、全半焼、又はそれに準ずる者
（2）主たる生計維持者が死亡、または重篤な傷病を負った者
（3）主たる生計維持者が行方不明の者
（4）主たる生計維持者が業務を廃止し、又は休止した者
（5）主たる生計維持者が失職し、収入がない者
（6）原発事故に伴い、警戒区域、計画的避難区域、緊急時避難準備区域の対象になっている者
（7）特定避難勧奨地点に住んでいたため避難している者

仙台市内の仮設住宅で暮らしていた平山さんは、医療費の減免措置が終了する頃、手術を逡巡していた

●東北3県でも対応はバラバラ

当初、この財政は全額、政府の国費で賄われた。

ところが、震災から1年半が過ぎた12年10月1日から、県や地元自治体が2割を負担し、国が残りの8割を補助する仕組みになった。岩手県と福島県は、県が1割、被災市町が1割を負担する形で維持してきた。

ただし、現在の福島県内で医療費減免を継続中の自治体は、旧警戒区域等をのぞけば、相馬市、南相馬市、新地町の3市町だ。「継続するかは、予算編成をみてから」（福島県）

岩手県では、達増拓也知事が14年1月以降も医療費減免を継続する考えを県議会で表明した。

「まだまだ被災者の医療費がかかる。被災市町のほうで経済的にも大変なので、継続してほしいと声があった。後期高齢者医療も含めて、とくに沿岸自治体から要望があった」（岩手県）

一方、宮城県は、被災市町の負担を考慮し、県が2割を負担してきた。しかし、13年3月末日で打ち切った。

「被災市町に聞いたところ、急には負担できないという事で、県が2割を負担する事になった。しかし、県単独で2割負担を継続するのは、財政上の負担が大きすぎる」

財政上の負担の背景には、対象者の人数が、岩手県と宮城県では規模が違いすぎる点があげられている。13年3月末現在で、国保加入者の窓口負担無料の対象者は宮城県は約15万8000人だ。これに対して、岩手県では約2万4000人。宮城県石巻市の対象者だけで約2万6000人なため、これだけで岩手1県とほぼ同じ規模だ。これに加え、後期高齢者医療も減免だったため、財政上の負担は大きい。しかも、宮城県によると「国保減免は当初、被災の程度だけに着目し、所得は見ていない。働いていても同じ扱い」となっていた。

宮城県では岩手、福島とともに、再び国が10割負担するように要望している。さらに宮城県独自では、対象者を限定してでも、国が10割を負担するよう訴えた。しかし、事業主である保険者は市町村だ。「保険者の市町村が決めないと県としても動けない。被災市町でも事情が異なるので難しい」(宮城県)。

宮城県の負担が大きいのであれば、保険者である市町が独自に負担できないものだろうか。被災自治体は見かけ上の予算は増えている。地域によっては震災前の10倍以上にもふくれあがっている。しかし、これらは復興予算で編成したものであるため、国保財政には使えない。かといって、もともと国保は、自営業者や低収入の人に加入者が多いため、「財政を安定させる」という理由で保険料を上げる事もできない。

●医療費が減免されなければ手術ができない

宮城県内の仮設住宅の自治会長たちは県議会に対して、医療費減免の継続を求めて、請願を出した。請願人は9人。請願賛同人は190人にも及んだ。このなかには前出の長井さんもいた。

気仙沼市を中心に支援活動をしている「ライフワークサポート響」の阿部泰幸代表も、こうした自治会長たちの動きをサポートしてきた。

「生活困窮問題は、被災しているかどうかに関わりません。しかし被災者はマイナススタートで、ゼロにもなかなか戻らないのです。真に困っている人に支援が届かない。窓口負担の無料化を再スタートさせたい」

宮城県と岩手県の県境では、医療費減免を求めて現住所を移転させる人も出ている。宮城県気仙沼市から、隣接する岩手県一関市に引っ越しをする人もいた。一関市民になれば、国保加入者の窓口負担が無料になるからだ。

宮城県で医療費減免が終わる頃、手術を受けようか悩んでいた男性がいる。仙台市宮城野区の平山次男さん(76歳)だ。震災後、持病の腰痛を悪化させ、手術を4回も受けている。津波で被災した自宅の片付けのため、避難所と自宅の往復が続いた。腰の痛みは、モルヒネを打って耐える事ができた。平山さんは、鬱病の妻の看病もしてきた。

平山さん夫妻は、発災時、車に乗っていて津波に襲われ2㎞も流された。何とか助かったが、避難生活が続いた。そんな中で平山さんは、疲労とストレスによって、胃と大腸にホリープができて、病院から手術を促された。ところが、病院が手術日として設定したのが13年4月。平山さんは、「3月末までにお願いしたい。4月なら手術はやらない」と一旦拒否した。結局、病院のスケジュールにキャンセルが出たために、3月末までに手術ができた。

平山次男さん

平山さんは、これまでの蓄えで津波で壊れた自宅を再建した。しかし、現在は、年金だけが唯一の収入である。平山さんのように、無料でなければ手術を諦めてしまう人もいるだろう。

14年2月、宮城県市長会会長を兼務する奥山恵美子・仙台市長は、国保加入者の医療費減免を4月から県内全13市が再開すると、記者会見で明らかにした。ただし、被災自治体の財政事情を考慮して、医療費減免となる対象者を、被災規模を「大規模半壊以上」、所得制限として「非課税世帯」に限定した。

この方針には一定の評価ができる。しかし、「非課税世帯」にならないグレーゾーンの低所得者層は、支援を受けられない。低所得ではなくても、今後、仮設住宅を出た後の生活再建のために、少しでも蓄えを残しておきたい人たちもいる。さらに、14年4月からは消費税が上がり、家計の負担は増えていく。医療を受ける事を我慢する人も出てくるだろう。

震災がきっかけに生じた医療費の負担は、低所得者やグレーゾーンの人たちに重くのしかかる。

漁民を置き去りにした宮城県の〝漁業特区〟

～村井県知事の強引な構想に翻弄される漁業の復興

西岡 千史 ●フリージャーナリスト／写真：越智貴雄

【宮城県石巻市】

震災で壊滅的な打撃を受けた宮城県沿岸部の漁業。集約化と民間資本の導入の下に県が推進する漁業の復興策が、地元に大きな軋轢を引き起こしている。

何とも後味の悪い〝手打ち式〟だった。

2013年11月27日、漁業権を民間企業に開放する「水産業復興特区」をめぐって対立していた村井嘉浩宮城県知事と県漁協幹部が、県庁で和解のテーブルを囲んだ。会合では、村井知事が「県漁協に相談せずに特区を進めた事は申し訳なかった」と詫びを入れ、取材陣の前では両手で握手をして関係正常化をアピールした。

しかし、双方の亀裂はすでに修復不可能なところまで深まっていた。菊地伸悦県漁協会長は同日、記者団に向けて「(特区に)賛成したわけではない」と語り、不信感は解消されていない事をにじませた。それでも手打ちに応じたのは、予算権限を握る県との関係をこれ以上悪化させれば、東日本大震災で被災した漁民のためにならないと判断したためだ。

●漁業の復活はコミュニティの復活とともに

沿岸部で養殖などを営むための漁業権は、漁業法によって県が漁協に優先的に与える仕組みになっている。特区ではその優先権を取り除き、「民間の資本を導入する」(村井知事)というものだ。最終的には反対派を押し切る形で、2013年9月に特区はスタートした。

石巻市北上町(旧十三浜村)で漁師をしている佐藤清吾さん(72歳)は、村井知事の行動を「死体にムチ打つような仕打ちだ」と批判する。

佐藤さんは、宮城県漁協北上町十三浜支所の運営委員長も務める

「企業が沿岸漁業に参入するための門戸は、これまでも開いてるわけよ。ただ、それには漁協の組合員に加入しなければ参画できない仕組みなんですよ。それが面倒くさいって事でしょ。特区を推進する人は『漁業権を自由に売買できるようにしろ』と主張する。これは何百年とかけて作ってきた漁民の秩序や自治を無視して『お前ら死ね』と言ってるようなもんだ」

一般的にはあまり知られていないが、漁業権と漁協、そして漁民の暮らしは切っても切り離せない関係にある。

沿岸部の漁業権は、浜から2〜3㎞程度の小さな海域に限られる。権利主体は漁業者個人にあるが、管理は漁協に任されている。なぜ漁協かというと、漁民の間で漁場をめぐる紛争がおこった時、漁協が利害の調整役をするからだ。民間人同士の利害対立に、行政は口出しできない。そこで、漁民達は漁協に所属して自治活動を担い、独自の紛争解決のルールを作っている。

漁協が特区構想に「浜の秩序が乱れる」と猛反発したのも、民間企業が漁協の枠外で利益優先の勝手な行動をすると、紛争の解決が困難になるためだ。

佐藤さんは、漁業の復活だけではなく、こういった漁村のコミュニティも生き返らせる必要があると話す。

桃浦かき生産者合同会社・代表社員の大山さん

「震災後は、津波が来る前に沖に出して無事だった船を共同利用して、漁業を再開したんだ。船を持ってる漁師は、自分だけで漁をしたかったと思う。だけどそれは許さなかった。被害が大きかった人も小さかった人も、災害のときは一致団結することが大事だから。地域を甦らせるには、一人の百歩より百人の一歩が大切なんだ」

◇　◇　◇

村井知事は大阪府出身で、防衛大学校を卒業後に陸上自衛隊東北方面航空隊に入隊。松下政経塾、宮城県議会議員を経て、２００５年に知事に当選した。この経歴からしても、長い歴史と高度な自治組織を持つ漁民の暮らしを学ぶ機会はなかったようだ。特区構想で反発を受けても「ひるむ事なく、この考えを進めていきたい」と聞く耳を持たなかった。

ただ、漁民のすべてが特区に反対したわけではない。同県石巻市の桃浦地域は、県下で被災した１４２の漁港のうちで唯一、特区に参加表明した。桃浦では、漁業を営んでいた15人が共同出資して「桃浦かき生産者合同会社」を立ち上げ、水産卸会社の仙台水産（仙台市）の協力を得て特区に認定された。桃浦の漁師で同社代表社員の大山勝幸さん（66歳）から、その事情を聞いた。

「桃浦は、65世帯のうち津波で流されずに残ったのは3世帯だけだった。その年の9月には台風も来て、拾い集めた漁具もまた流されてしまった。このままではこの小さな浜は高齢化が進んで、集落がなくなってしまうと思った」

大山さんは、営業活動は企業に担ってもらい、自分達はカキの生産に専念したかったという。もちろん、仙台水産の力で販路が拡大する事も期待している。

●特区には補助金の特典

それだけではない。特区には大きな特典もあった。県は

2012年度の補正予算で、特区を受け入れた地域に約6億5000万円の補助金を用意したのだ。大山さんも補助金がなかったら「(特区を)利用しなかった」という。

事情を知る漁業関係者は、「特区に興味を示した会社は10社ほどいたが、次々に撤退していった」と話す。被災地は漁港や工場だけでなく、ガスや水道などのインフラまで被害を受けている。国や県の支援があっても、民間企業が投資するにはリスクが高い。そんな事情もあって特区構想が行き詰まりを見せていたころ、県費を使った補助金の話が出た。反対派の漁民達が、不公平感を感じてさらに反発を強めた事は言うまでもない。

◇　◇　◇

大山さんも佐藤さんも「漁民の暮らしを再生したい」という思いは共通している。ところが、復興に向けては別の道を歩く事になった。大山さんは、懸念されている漁業権の売買については「それをやったら、漁業が崩壊する」と認めない構えだ。一方の佐藤さんは「次の漁業権の更新時期になったら、どうなるかはわからない」と、警戒感を持つ。

県と漁民が一体となって復興に向かう日がいつになるのか、その見通しは立っていない。

●追い討ちをかける〝汚染水〟

佐藤さんは仮設住宅に暮らしながら、現在でも十三浜で漁業を続けている。復旧作業を急ピッチで進め、12年には海産物の値上がりもあって、売り上げを震災前の水準まで回復させた。それが今、在庫の山を抱えているという。

「13年7月22日に東京電力が福島第一原発事故からでた汚染水が海に流れている事を発表して、売り上げがほとんどなくなったよ。放射性物質の検査をしても、ワカメからは検出限界値以下なんだけどね。津波で妻と小学1年生だった孫が流されたけど、これは天災だから仕方ないと思っている。でもな、我々を窮地に追い込んだのは復興特区と原発という人災なんだよ」(佐藤さん)

震災から3年が過ぎたが、今もなお、特区は人々を分断し続けている。それでも村井知事は強気だ。冒頭に紹介した手打ち式でも、こう強弁した。

「特区は間違っていない」

西岡千史　にしおか・ゆきふみ
1979年、高知県生まれ。早稲田大学卒業後、フリーランスの記者として活動を始める。2008年にインターネットメディア「THE JOURNAL」の立ち上げに参画。現在は「週刊朝日」を中心に活動中。

高い防災意識を持った町づくり

～人的犠牲ゼロに貢献した洋野町の自主防災の取り組み

村上和巳
●ジャーナリスト

【岩手県洋野町】

明治、昭和と二度の大津波で大きな犠牲を出した洋野町では、過去の教訓を生かし、「津波では絶対に死なない」と、自主的な防災活動が積極的に取り組まれてきた。

岩手県沿岸最北端の洋野町《ひろの》。海が見渡せる同町八木地区の公葬地（墓地）を歩きながら墓碑に目をやると気づく事がある。刻まれた命日には明治29年6月15日、昭和8年3月3日の日付がやたらと多い事だ。

だが歴史を紐解けば、この謎は氷解する。両日付はそれぞれ明治、昭和の三陸津波が発生した日。洋野町は明治三陸津波で254人、昭和三陸津波で214人が犠牲になったが、その多くはこの八木地区での犠牲者である。墓地から見下ろせる海岸近くには「想へ惨禍の三月三日」と刻まれた昭和三陸津波の慰霊碑もあるほど。ところが、今回の東日本大震災では岩手県、宮城県、福島県の沿岸市町村の中で同町だけが死者・行方不明者、負傷者がゼロだった。

洋野町は震源からは地理的に遠いが、同町にも6～15m（岩手県県土整備部）の津波が押し寄せ、住宅を含む全壊79棟など総額65億円超もの被害を受けた。八木地区に至っては、現在まで洋野町では数少ない防潮堤も海岸付近の保安林もない地区。過去に防潮堤建設話も浮上したが、地権者との調整が難航しとん挫した。しかも同町以北の青森県八戸市や三沢市ですら死者が発生している事を考え合わせれば、単なる偶然とは言い切れないものがある。

だが、ここで同町が取り組んできた自主防災組織や消防団の活動を重ね合わせると、ある種の合点がいく。

自主防災組織は災害対策基本法第5条で規定される地域住民が結成する任意の防災組織だが法的拘束力はなく、国

洋野町八木南地区にある高台への緊急避難路

や地方公共団体は育成・充実の援助をすると定めている。

　同町初の自主防災組織は２００８年５月、中野地区で発足した「中野地区防災支援隊」。もともと津波などを意識した自主防災組織が結成されていた岩手県南部の自治体から見れば、動きとしては遅い。その立役者だった久慈《くじ》消防署種市分署元分署長で現在は洋野町防災アドバイザーと消防庁市町村災害対応支援アドバイザーである庭野和義さんはこう語った。

「岩手県北部はもともと自主防災組織の組織率が低かった。各地区にも働きかけたが、まずは自分が住んでいる中野地区からと思い、有志に声をかけた」

　庭野さんには当時、ある思いが念頭にあった。自主防災組織の結成を報じた地元紙・岩手日報の記事には「過去に津波で大きな被害を受けた八木地区にも自主防災組織の輪を広げたい」との庭野さんのコメントが掲載されている。

　このコメントに呼応し、2か月後08年8月に八木地区の北半分である八木北地区、09年7月に八木南地区でも自主防災組織が結成された。いずれも地区町内会の下部組織として機能し、全世帯が加入した。

　もっとも、特別な活動を行っていたわけではない。八木北自主防災会長の蔵徳平さんは「年1回の地区総会、敬老会の際に『津波では絶対に死なない。地震が起きたらすぐに高いところへ避難する』と繰り返し言ってきた。あとは高台への避難路の草むしりや除雪、また一人暮らしの高齢者への常日頃の声がけなど」と話す。防災会では緊急一時避難所本部を海抜約27メートルの蔵さん宅に隣接するスーパーの駐車場と定めた。しかし、津波発生時の行動を役員会で大まかに決めたものの、細かな役割分担まで決めていなかった。

　八木南地区でも、地区の高台にある私有地や神社につながる避難路の清掃など活動状況はほぼ同様。また、年1回の町主催の防災訓練参加時に炊き出し訓練も実施していた。

●避難訓練と消防団の役割分担

　町主催の防災訓練は長らく昭和三陸津波の発生日時の3月3日早朝に行われていた。しかし、寒さの残る薄暗い早朝という事もあり、参加者は年々減少。このため2005年に訓練参加者を中心に行った住民アンケートの結果を踏まえて、毎年8〜9月の日曜日日中に訓練時間を変更した。この結果、05年に416人だった参加者は増加に転じ、震災前年の2010年には町内の津波発生時避難対象者の約2倍である717人にまで増加した。

その間、もう1つの改革が進行した。同町で組織されている14分団41部総勢580人からなる消防団の活動である。07年以降の訓練では避難を呼びかける消防団も津波到達予定時刻の10分前には高台に避難する事が定められた。庭野さんは「海岸近くで消防団の車両が赤色灯を付けてとどまっていたら住民はまだ大丈夫だと思ってしまうから」とその理由を説明する。08年には海につながる町道6か所で消防団が通行規制も行う事になった。

震災前年の10年2月、南米チリ沿岸でマグニチュード8・8の地震が発生し、青森県太平洋沿岸、岩手県、宮城県に大津波警報が発令され、陸前高田市で1・9メートルの津波も観測された「幻のチリ地震津波」。気象庁は予測が過大だったとして後に謝罪した。

これを機に洋野町では消防団の危険回避のため、町内の海から河川に通じる水門、通行目的で防潮堤や堤防に設置された陸閘《りくこう》、河川から農業用水を取水したり堤内地水を河川に排水したりする樋門の合計26か所のうち必要度の低い11か所を常時閉鎖。種市分署から遠隔操作ができる大規模水門3か所以外の12か所を消防団が緊急時に閉鎖すると決定。しかも、各消防分団の1つの部が担当する閉鎖箇所は1か所のみとした。同じ消防団員が複数の水門閉鎖を担当する事で、退避が遅れないようにするためだった。

そしてあの11年3月11日を迎えた。

●津波発生直後に炊き出しを開始

3月11日午後2時46分、八木北地区の蔵さんは、八木北港の作業小屋で娘とともに網の手入れ中だった。「下からの突き上げ後、小屋全体が長時間横揺れ。これは半端じゃない」と直感し、小屋を出ると、種市南漁協の職員が建物を飛び出して周囲を見回している。「重要なものをまとめてすぐ逃げろ」と叫んだ蔵さんが高台にある自宅に戻ると、既に本部予定地では自主防災会役員が地区倉庫から運び出したテントの設営中。続々住民が避難してきた様子を確認した蔵さんは、海が見渡せる公葬地に移動した。

同じころ各消防団も屯所に駆け付け、水門等は発災12分で全て閉鎖。町道の通行規制も完了し、避難を呼びかけると、八木地区の消防団員は高台へと退避した。

午後3時半頃、公葬地にいた蔵さんは八木北港内の海水が2度にわたって大きく引いていくのを目にした。その直後、八木南港から黒い煙が上がった。「火事か?」と一瞬思ったが、それが津波だった。津波は轟音を立てて南港からJR八戸線とそれと並行する海岸道路に沿って北地区に押し寄せてきた。「とてもこの世の事とは思えなかった」と蔵さん。その頃、北地区の緊急一時避難所本部では炊き出しが開始されているほどの手際の良さだった。

現在、八木南自主防災会の会長を務める宇部義夫さんは自宅で地震に遭遇。ポータブルラジオで大津波警報発令を知り、八木南港近くの高台にある神社に駆け付けたが、既に第一波襲来後で南港の水産加工会社などは屋根まで破壊されていた。さらに第2波、第3波が次々と押し寄せ、JR八戸線・陸中八木駅構内に停車中だった除雪用ラッセル車が波になぎ倒された。宇部さんも「とてつもない破壊力。ただ事ではないと思った」という。

種市分署長だった庭野さんは、津波到達時に分署内に設置されていたモニターで、遠隔操作水門に設置された監視カメラから津波の海水がしたたり落ちる様子を眺めていた。分署には続々と被害状況が入ってくる。しかし、最終的に懸念した死者・行方不明者の報告はなかった。人命は守られたのだ。

●新たな課題に取り組む消防団

洋野町での取り組みはまだ進化を続けている。震災後に宇部さんらは八木南地区声かけマップを作成し、役員で共有している。地区の住宅地図に独居老人や障害者のいる世帯を色分けし、事あるごとに役員や民生委員が人々を巡回する。災害発生時は役員が総出で対象者の避難を援助する取り決めだ。

また、新たな課題も浮かび上がっている。消防団の町道規制に法的拘束力はない。震災時には漁船を沖出しするため港に駆け付けようとした漁師と規制する消防団員との間で口論となり、押し切った漁師がタッチの差で船に乗り込み沖に出て行ったケースがある。しかし、他の自治体ではこの沖出しに失敗し、犠牲になった人もいる。漁師である蔵さん自身も「気持ちはわかるが、全ては命あってのもの。犠牲者が出ればその捜索活動も含め地域がこうむる損失は大きい」と沖出しに否定的だ。

その意味では、死者・行方不明者ゼロは本格的な減災に向けた通過点に過ぎないのだ。

学生被災地訪問記
～関西の若者の目から見る復興の現状

玉置 春香
●学生

【岩手県大槌町】

津波により壊滅的な被害を受けた岩手県大槌町では、いま、新しい街づくりが始まっている。学生インターンとしてこの地で活動した筆者が感じた、この街の課題と未来への希望。

●進まないかさ上げ工事

２０１３年３月18日、私は岩手県大槌《おおつち》町をはじめて訪れた。「誰か大槌みらい新聞へ学生インターンとして行かないか？」と、私が所属する大学のゼミで、教授が声をかけてくれたのがきっかけだった。

『大槌みらい新聞』とは、震災で地方紙が廃刊した大槌で、住民に活用される新しい情報媒体を目指し、ＪＣＥＪ（日本ジャーナリスト教育センター）が設立・支援した組織である。発行部数は５０００部。「フェイスブック」などＳＮＳやウェブサイトも活用し、大槌の情報を発信した。また、地域の発信力を高めるため、地元の人達に情報発信の楽しさを知ってもらい、情報発信者が増える事を目的として、新聞のつくり方やデジタルカメラの使い方についてなどのワークショップを行っていた。13年5月にＪＣＥＪが撤退し、現在、活動は行われていない。

震災当日、私は大津波が街を呑み込んでいく様子をニュース中継でただ呆然と眺めていた。津波から逃れようと走って行く車が波に呑まれていく様子を目にした私はショックを受け、あの日からその光景をずっと忘れられずにいた。

学生インターンとして採用された私は、大槌町の大ヶ口地区を拠点にし、主に、取材や映像コンテンツの制作、カメラを扱うワークショップなどを担当した。わずか11日という短い期間ではあったが、活動を通して現地の方々と交

高台上に建つ城山公園体育館の横からは大槌町市街地を一望できる。地震発生当日、体育館には避難所が設置され、多くの住人がここに避難した

流し、非常に有意義な時間を過ごす事ができたと感じている。

　インターンで訪れてから半年後の9月10日と11日、今度は個人的に大槌町を訪れた。インターン期間中、秋頃から盛土による土地のかさ上げ工事が始まるという話を耳にしていた。しかし、それが10月からだという人や12月という人、もっと先だという人もおり、「役場に聞いてもバラバラ。実際いつから始まるのか、よくわからない」といった人もいた。3月から半年でどのような変化が起きていたのか、これから大槌がどのように変わっていくのか、私はそれが気になっていた。

　ところが、私が一見したところ、9月地点では盛土に関して具体的に進んでいる気配は感じられなかった。変化として印象的だったのは、住宅の基礎を取り壊す工事が行われていた事、海岸に山積みになっていた瓦礫が大幅に減っていた事だ。住宅の基礎を取り壊す工事現場にいた作業員に半年間の町の変化を聞いてみたが、「特に何も変わっていない」という答えが返ってきた。大槌町役場の復興推進課に確認してみても、やはりこの段階では主に瓦礫の撤去しか行われていなかったようだ。

●自宅再建の困難さ

　初日に、私はインターンのワークショップで訪れた仮設団地の集会所を訪ねてみる事にした。到着すると集会所では手芸教室が行われていた。仮設住宅で暮らす女性達が支援物資として全国から寄せられた着物や洋服の端切れなどを利用し、可愛らしい小物を作っていたのだった。そこで、以前ワークショップでお会いした方と再会する事ができた。私の事を覚えていてくれて、大槌町を再び訪れる事ができたのを改めて嬉しく感じた。

　半年ぶりの再会を温かく迎えてもらった事にホッとしながら時間を過ごしたが、手芸教室も終わり、そのまま雑談をしている時だった。ある女性が、こんな事を話し始めた。

「そろそろ仮設住宅を出ていこうと思う」

　私はそれを聞いて、少しずつ前向きに動き始めている変化なのだと理解した。仮設住宅は、あくまでも「仮の住まい」であり、当然いつまでもそこで暮らし続けるわけにはいかない。誰もが、早く震災以前の生活に戻りたい、新しい家に移っていきたい、そう考えているのだと思い込んでいた。しかし、「出て行こう」と決心した女性に対して、ほかの人達からかえって来た反応は、私の想像した言葉ではなかった。彼女達は、「行かないで」「みんなでここ（仮設団地）にいよう」と言うのだ。

それを聞いて、被災によって生じた体験や暮らしが、彼女達に新たなコミュニティの形成をもたらしているのだと、私は初めて気がついた。以前、「仮設住宅は窮屈・不便であるが、家賃は要らず、無理に働かなくても暮らしていけない事もない。今はお金に余裕がないし、しばらくこのままでいい」という方に出会った事があった。様々な背景が人々を仮設住宅に引き止める要因になっているのかもしれないと私は感じた。

実際、復興住宅が建設されても、思ったほどの入居者が集まらない状況に陥っているという。13年11月末には入居募集があった岩手県の8市町村の計680戸のうち1割を超える77戸（5市町村）に応募がない事が県のまとめでわかった。また、地価の上昇もみられる。同年9月19日、大槌のなかで津波の被害を免れた大ヶ口の地価上昇率が30・5％増と全国1位となった。大槌で新たに家を買い、暮らそうにも地価が上がってなかなか手が出ない人も多い。

その晩、私はある仮設団地に暮らしている方の部屋に泊まらせていただいた。

“慣れ”と“自立”

仮設住宅は、私が想像していたよりは快適なものだった。とくに、風呂場も想像よりもちゃんとしていて、水温設定などもしっかりできた事が、私には意外だった。

しかし、そこに暮らすという事は、生活するにあたって不便な事だらけだ。大槌町の仮設住宅では2DKの部屋に暮らす方が最も多いという。岩手大学震災復興プロジェクトが2011年9月に実施したアンケート調査によると、希望の仮設住宅に入居できたのは希望者全体の54・4％と約半数であった。また、仮設住宅に対する不満として、「近くにお店がない」が61・6％、「狭い」が54・7％、「交通の便が悪い」が41・8％となっている。

私は、仮設住宅での暮らしが少しでも快適であって欲しいと思う反面、そこで住む人々にとって、その暮らしが、少しずつ当たり前になってしまってはいないだろうか、という不安を抱くようになった。「家を失ってしまった以上、住むところがないのは仕方がない」と仮設住宅に暮らす人々は寂しそうに、一方で諦めたような口調でいう。しかし、そこで暮らす人が「早くここを出て、生活を立て直そう」と強く思わなければ、状況はいつまでたっても変わらないのではないだろうか。人は馴れてしまうし、適応してしまう。どれだけ悲しい事が起ころうと、多くの人はいつかその状況に適応し、また、打破していく事ができると私は思っている。手芸教室の時に聞いた「みんなでここにいよう」という言葉の奥にはどのような意味が隠されているのか考えさせられた。

大槌町内で、復興支援の一環として飲食店を営む男性は「ここに今必要なのは、支援ではない。ビジネスだ」と語る。

ある時、男性の飲食店で働き始めた10代後半の女性が、男性から基本的な事を注意されただけで仕事にこなくなってしまったというエピソードを教えてくれた。彼はその原因の1つに、被災者達の中に、「助けてもらっている」「自分は助けてもらう立場」だという意識が当たり前なり、それが「自立して働こう」「自分達の為に働こう」という前向きな気持ちになる事の邪魔をしているのではないかと推測する。果たしてその真偽はわからないが、これからの被災地の復興を考えていく上で、新しいビジネスが参入し被災者の働く意識をより高める事、それによって安定した収入を得て新たな住居を得る事が大きな意味を持つのは間違いないだろう。

2014年1月末から、大槌町の町方地区では、盛土によるかさ上げ工事が始まった。県道は封鎖され、代替として線路があった部分が道路になっているという。かさ上げ工事が完成すれば、「御社地」と呼ばれる史跡周辺が、市街地や運動施設の移転先になる。さらに、旧役場も震災遺構となり、建物の一部が取り壊さずに保存される事になっている。津波で浸水した「御社地ふれあいセンター」跡には、大槌の新しい文化拠点と復興の情報拠点を目指して、新たな図書館の再建を核としたＭＬＡ（Ｍｕｓｅｕｍ〈博物館〉・Ｌｉｂｒａｒｙ〈図書館〉・Ａｒｃｈｉｖｅｓ〈文化館〉）機能を持つ連携型施設を建設しようという案も出ている。また、大槌駅線路裏は盛土されずに緑地公園や湧水を活かした商業地になる予定だという。

これから大槌町は少しずつ変化していく。その変化が、この町に暮らす人々に良い影響をもたらしてくれると私は信じている。

玉置春香　たまき・はるか
１９９２年、大阪府生まれ。関西大学総合情報学部在学。情報メディアの変遷や、それらの日常生活との関わりについて学ぶ。２０１３年３月に岩手県大槌町の「大槌みらい新聞」の学生インターンとして活動。趣味は動画編集と旅行。

震災の記録を守れ！
～3年間の膨大なデータをアーカイブ化する

島田　健弘
●フリーライター

どんなに悲惨な震災の記憶も時間と共に風化してゆく。震災の経験を伝え、その教訓を未来に生かすために……東日本大震災に関する膨大な資料、記録を収集し、整理して活用する取り組みが進められている。

●震災資料の中核は避難所の掲示物や配布物

岩手県の陸前高田市立図書館は津波によって全壊し、多くの図書と資料が流出した。現在は仮設図書館が建てられている状況だ。東日本大震災の津波で役場、防災センターから図書館といった、その土地の資料を収集する機関も波に呑まれ、損壊した。失われた記録。そして震災の記録。これらをどう復活させ、伝えていけばいいだろうか。

神戸大学附属図書館は阪神・淡路大震災で収集した資料・文献を「震災文庫」として公開している。新潟県は、被災地・中越地域をそのまま情報の保管庫にするために、「中越メモリアル回廊」を構想した。この回廊の中核となるのが長岡市にある「長岡震災アーカイブセンター　きおくみらい」だ。この事業のきっかけは、長岡市立中央図書館による中越地震の避難所資料の収集作業だった。

「長岡の図書館では、震災で失われる歴史的資料の救済、震災に関する資料を集めるという事を二本柱にしています。中越大震災の2年後にあたる2006年度にはじめました。震災資料の中核は掲示物や配布物といった避難所の記録でした」（長岡市立中央図書館文書資料室・田中洋史主任）

この経験を活かして、長岡市では東日本大震災でも避難所資料の収集を4月上旬からはじめた。資料収集で気をつけたのは避難所を混乱させない事だった。

「まず、資料収集は市の意志であると、当時の中央図書館

避難所で張りだされた紙もすべて資料だ（撮影：2011年7月24日、福島県南相馬市）

の館長名で、各避難所担当者に正式な依頼文を作りました。収集の対象は避難所で不要になって廃棄するペーパーや催しがおわった掲示物です。これらを整理するのは避難所にとってものすごい業務になるので、それらを取りに伺いますからよろしく、とお願いをしたわけです。今後の課題は避難所で職員が作った作業工程表や役場からの通達といった事務文書や食事、お風呂といった避難所環境整備業務との関連性などを読み解いていく事ですね」

●残す資料はあるものすべて

〈（前略）特に歴史上数少ない災害については、時間の経過とともにその教訓は、忘却され、風化しやすい面もある。今後、同様の被害を起こさないために、地域・世代を超えて今回の教訓を共有化する事が必要である。（中略）原資料、津波災害遺産などを早期に収集し、国内外を問わず、誰もがアクセス可能な一元的に保存・活用できる仕組みを構築する事が重要である。（後略）〉

（復興構想会議『復興への提言　第4章「開かれた復興」災害の記録と伝承』より）

この提言をうけ、総務省と国立国会図書館を中心とした「東日本大震災アーカイブ」基盤構築プロジェクトがはじまった。

「インターネット上に分散する東日本大震災に関するデータを一元的に検索し、活用できるポータルサイト『ひなぎく』を国会図書館と連携し構築しました。２０１３年度からは国会図書館が運用しています。そのほかデジタルアーカイブ構築・運用に関する実証調査をおこなっており、同年３月には震災関連デジタルアーカイブの構築・運用を普及させるためのガイドライン（１８７ページ表参照）を取

長岡市新産体育館の避難所で収集した資料（撮影：2011年6月17日。長岡市市立図書館提供）

りまとめました」（総務省情報流通行政局情報流通振興課・高橋文昭課長）

国会図書館は総務省と連携し、これらを含めた震災サイトへのポータル機能の開発をしつつ、各地の図書館とともにコンテンツの収集などもおこなった。対象コンテンツには各府省、自治体、大学・学会、博物館・文書館、報道機関、ＮＰＯ・ボランティア、個人だ。個人発信のコンテンツについてはさまざまな層があるが、グーグル「未来へのキオク」やヤフージャパン「東日本大震災写真保存プロジェクト」などへの投稿写真などが対象になっている。ボランティア活動をしている個人ブログなどへ範囲を広げるかは今後の課題だ。

「公的機関以外のウェブサイトについては、許諾により収集しております。許諾による収集は、企業やＮＰＯ等の団体を中心に収集しており、個人のサイト、ブログ等は、検討課題となっている状況です」（国立国会図書館電子情報部・池田勝彦氏）

国も取り組んでいるプロジェクト。とはいえ、後世に伝えるためにはどんな資料がいいのか。

「すべてです。掲示板や回覧板のような資料もダンボールごと当時のままのものだからこそ、地層を掘るようにどういう流れで指示が動いたのかという事がわかる。ただ、一次資料だけがいいというわけではありません。当時の記事であったり、それを振り返ったりする記事も貴重な資料です。あらゆる記録を捨てないということが大事なんだと思います」（東北大学災害科学国際研究所・柴山明寛准教授）

●膨大な資料をどう活かすか

ガイドラインがあっても実際に運用するにはコストや労力が必要だ。国際協力ＮＧＯを支援するＮＧＯ「国際協力ＮＧＯセンター（ＪＡＮＩＣ）」は、東日本大震災にあたって後方支援として記録の整理と発信を「記録報告書」「ＤＶＤ」「一般図書」「英語での情報発信」でおこなった。

「これらの記録作成作業に８４０万円くらいかかっています。ウチでは記録だけのために専任のスタッフを置いたんですね。報告書を作るだけで、４か月かかりました。資料収集からインタビュー、質問調査票の作成、ワークショップなどの情報収集。それから書く事とデータ分析。さらにそれを専従スタッフが英語発信しています。こういった事に労力をさけるNPO、NGOはほとんどありません。ウチができたのは事業計画の主要な活動として記録を位置づけたからです。言い換えれば、緊急の時に記録とか記録化にさける人材とか資金とかノウハウを持ってるところはまずない。その結果、膨大な情報がそこにあるのに、埋もれてしまうわけです」（国際協力NGOセンター震災タスクフォースチーフコーディネーター・田島誠氏）

震災の風化が懸念されている。それは人々の意識や記憶だけではない。整理されていない記録も同様だ。

「震災のために職員数を倍増したNPOはたくさんあります。3年たつと、離れていく人もでてくる。組織の中にも色んな情報があると思うんです。たとえばメールの中にしかない情報とか。でもそういったものは、その人にしかわからない。そして整理されていないから、情報の利用価値が極めて低い。つまり、その人が離れてしまう事で永遠に失われてしまう記録や記憶がおそらく膨大にある。これらの早晩失われてしまうであろう記録を保存しなければいけない」（田島氏）

失われていく災害の記録をどう残すのか。その取り組みははじまったばかりだ。

【入力することをおすすめするメタデータ項目】

項目名	項目の説明
タイトル	コンテンツの内容を端的に示すタイトル
識別子	コンテンツを一意に識別するためのID
権利情報・利用条件	アーカイブ構築者、運用者やエンドユーザが、コンテンツをどのような条件で利用できるかの説明
撮影者、作成者（著作権者）	写真や動画の撮影者、文書の作成者、著者などコンテンツを作った人や団体の名前
公開者、所有者	著作権者に代わり、コンテンツを公開する人、団体（投稿サイトの運営者や出版社など）
提供者	著作権者以外からコンテンツの提供を受けた場合は提供者名や連絡先。利用許諾を受けた場合は権利の所有者名や連絡先
撮影日、作成日	写真、動画等の撮影日、文書等の作成日
掲載日、公開日	新聞、雑誌等の発行日、サイト等での公開日、放送の場合は放映日
撮影場所、作成場所（地名）	コンテンツが作成された場所の地名、住所※地名の場合は、なるべく詳しく記載する
撮影場所、作成場所（緯度経度）	コンテンツが作成された場所の緯度経度
キーワード、内容	コンテンツの内容を端的に表すキーワード
資料種別	文書、写真、音声、動画等、コンテンツの種類
ファイル形式	コンテンツのファイル形式（画像ファイルならJPEG、文書ファイルならPDF等）やファイルフォーマットのバージョン（PDFならPDF6.0等）
説明、要約、注記	サイト上のコンテンツを分類するためのキーワード（簡易検索や分類検索の選択肢に当たるもの）やコンテンツの内容を補足するもの

島田健弘　しまだ・たけひろ
1975年生まれ。オンラインマガジンの常駐記者を経て、2005年からフリーに。月刊誌、週刊誌、WEB媒体で取材・執筆活動を行う。『地震と原発今からの危機』（扶桑社）などの構成を担当。

メルマガと映像で「被災地に生きる人々」の姿を伝える

会社勤めをしていた岸田さんは、震災がきっかけで被災地に足を運び、「伝える」事の重要さを実感。フリーの映像作家に転身し、いま、東北と全国をつなごうと情報を発信し続けている。

亀松 太郎
●ジャーナリスト

災害は、ジャーナリストを呼び寄せる。未曾有の規模となった東日本大震災の被災地には、日本中、いや世界中から、数多くの記者やライター、カメラマンといった報道関係者が集まり、それぞれのメディアを通じて現地の惨状と苦難を伝えた。

しかしどんな大災害でも、時間の経過とともに、読者や視聴者の関心は徐々に薄れていく。それに伴い、地震や津波や原発事故の被害に見舞われた地域に足を運ぶジャーナリストの数も少なくなっていく。いわゆる「風化」が進むのだ。

だが、そんな流れに抗するかのように、被災地に通い続ける記者やカメラマンがいる。インターネットのメールマガジン「東北まぐ」の編集責任者である岸田浩和さん（38歳）も、そんな「伝え続ける者」の１人だ。

●東北に「足を運ぶきっかけ」となるメディア

「東北まぐ」は、東日本大震災の発生から５か月後の２０１１年８月11日にスタートした月刊のメールマガジンだ。日本最大級のメルマガポータルである「まぐまぐ」が毎月11日、約３００万人の登録会員に向けて、被災地で元気に活動する人達の情報を送り届けている。

「伝える対象は『人』です。『あなたは今、なにをしていて、どういう事をしたいのか』という事を聞くようにしています。そして、読んだ人がなんらかの行動を起こしてくれればと思いながら、記事を書いています」

「東北まぐ」のコンセプトについて、岸田さんはこう語る。

そこでは、宮城県仙台市でかき小屋を経営する男性や岩手県陸前高田市でカフェを運営する女性、福島県いわき市で飲食店街再生プロジェクトを仕掛ける男性など、東北の被災地で復興に向けて前進する人々の姿を紹介している。その写真を見ると、誰もが自然で柔らかい笑顔を浮かべているのが印象的だ。

彼らや彼女達の言葉や表情に共感した読者が、現地に足を運んだり、特産品を買ったり、寄付をしたりと、被災地に向けたなんらかのアクションを起こしてほしい——そんな事を期待しながら、岸田さんは東北の各地で取材を重ね、記事を書き続けている。

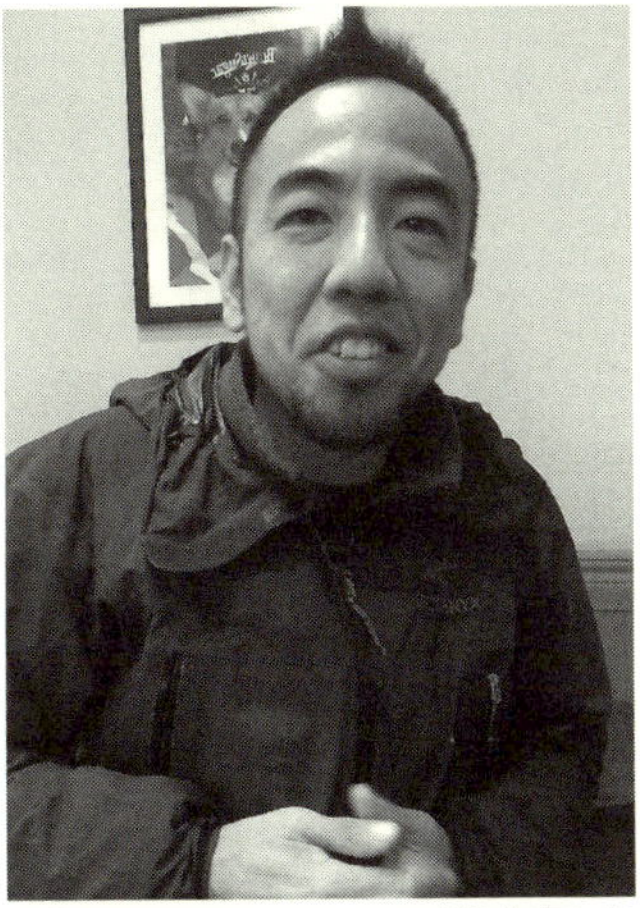

震災をきっかけにフリーの映像作家に転身した岸田浩和さん

「東北に足を運んでもらうきっかけ作り」を目指すメールマガジン「東北まぐ」

「たとえば、宮城県の塩釜市でボランティア向けのシェアハウスを運営している人を紹介した時、『布団が足りない』と記事に書いたら、それを読んだ人から60セットも敷き布団が届いた事がありました」

こういうリアクションは素直にうれしいし、現地の人達も、もっと情報を外に向けて発信しようと考えてくれるようになる。それこそが、「東北まぐ」の目指すところだ。だが、その一方で、震災から3年が経ち、被災地に対する世間の関心が薄れていっているのも事実だ。

「たしかに、そういう面はあるでしょう。でも、『人々の関心がないのは問題だ』と騒ぐよりも、被災地に興味を持ってくれる人をどうやって引き込むかを、一生懸命考えたほうがいいんじゃないかと思います」

●「自分が聞きたい事」をはっきり伝える

震災が起きた11年の夏から2年半以上にわたって、「東北まぐ」で記事を書き続けている岸田さん。だが、実をいうと、本格的にメディアの仕事に携わるようになったのは、震災以降の事だ。それまでは、メーカー企業で営業や広報の業務を担当する普通のサラリーマンだったのだ。

「自分が見聞きした事を伝える仕事がしたい」

もともとそういう希望を胸に抱いていた岸田さんは、2010年春からライター養成講座に通い、取材や原稿執筆のノウハウを学んでいた。しかし1年近くたっても、具体的な展望が見いだせない。そんな自分に焦りを感じていた時に遭遇したのが、東日本大震災だった。

「動くなら、今しかない」

そう強く感じた岸田さんは、「3・11」から50日ほど経ったゴールデンウィークに行動を起こした。

大学時代の先輩であるフリージャーナリストが被災地に取材に出かけるという話を聞いて、「運転手をするから、一緒に連れていってほしい」と頼み込んだのだ。カメラ担当として先輩の取材に同行し、石巻や女川、南相馬などで被災した人々から話を聞いた。

「どこの何者でもない人間が『話を聞かせてほしい』と言っても、怒られるんじゃないか。そう思っていたんですが、みなさん、すごく一生懸命に話をしてくれました」

新聞やテレビなどの報道機関に所属している事や、発表する媒体をもっている事が、取材のための必要条件だと考えていた。しかし、そうではなかった。

「自分が何を聞きたいかをはっきり伝える事こそが大事なんだと、その時の体験でわかりました」

1週間の被災地取材で手ごたえを感じた岸田さんは、宮城県石巻市の水産加工会社「木の屋石巻水産」が復興に向けていち早く動き出したという話を聞きつけ、取材を申し込んだ。そして、6月に再び石巻を訪れ、社員達へのインタビューを映像で収録した。

映像で記録したのは、ちょうどその頃、ドキュメンタリー制作のワークショップを受講していたためだったが、文章では表現しきれない事も伝える事ができる「映像のパワー」に強い魅力を感じていたのも大きかった。

●会社員を辞めて、フリーの映像作家へ

石巻漁港のすぐそばに位置する木の屋石巻水産は、大津波によって工場と倉庫に壊滅的な打撃を受けた。その敷地の一角で、汚泥にまみれた80万個もの缶詰を一つ一つ掘り出し、水で洗い流して、黙々と出荷に向けた準備を進める社員達。岸田さんはその光景をカメラで撮影しながら、彼らの声を丹念に聞いて回った。

その時に取材した内容は、8月に創刊された「東北まぐ」で、写真つきの記事として5回に分けて掲載された。さらに、岸田さんは翌年の春にかけて2か月に1回のペースで石巻に赴き、木の屋の取材を続けた。その成果をまとめた

水産加工会社の復興に向けた歩みを記録した短編ドキュメンタリー『缶闘記』より

のが、短編ドキュメンタリー映画『缶闘記』だ。

『缶闘記』は、岸田さんにとって初めての本格的な映像作品だったにもかかわらず、日本財団写真・動画コンクールのドキュメンタリー動画部門でグランプリを受賞した。また、日本やアメリカ、イギリスなどの映画祭で上映されたほか、２０１２年10月には、京都国際インディーズ映画祭で京都映像アワードのグランプリを獲得した。

その成功は、岸田さんに大きな変化をもたらした。海外の映画祭で「日本のドキュメンタリーがもっと見たい」という要望をじかに聞いた岸田さんは、映像の仕事に打ちこむ事を決めた。13年間続けたサラリーマン生活を辞めて、フリーの映像作家に転身したのだ。

いまは「東北まぐ」の取材と編集を続けながら、映像制作の仕事を請け負い、新作ドキュメンタリーの構想を温めている。そんな岸田さんは、被災地をめぐる報道をどう見ているのだろう。

「時間の経過とともに、被災地の事を伝えるのは行き詰まりを迎えているところがありますよね。そこを打開していくために、媒体の枠を超えた連携がもっとあってもいいのではないかと思います」

実際に「東北まぐ」では、被災地発のローカルメディアのコーナーを設けて、地元で生活する人の目線で記事を書いてもらっている。その上で、他のメディアに対しても、次のような期待を口にしている。

「全国紙などの大きなメディアは発信力があるけど、被災地の記者が足りない。一方で、ものすごく精力的に取材していても、発表媒体がないフリーの記者がいたりする。フリーでも大手メディアに記事がどんどん出せるとか、そういう自由な事をもっとやってほしいと思いますね」

亀松太郎　かめまつ・たろう
１９７０年、静岡県生まれ。朝日新聞記者として３年勤務した後、Ｊ－ＣＡＳＴニュースなどで活躍後、「ニコニコニュース」編集長として、ネット生中継の番組企画に携わり、震災以降、震災情報番組についても放送・配信。２０１３年、法律相談ポータルサイト『弁護士ドットコム』トピックス編集長に就任。

東北に行ったらココに寄ってネ！ ライターおススメ グルメ情報

豊富な海の幸に山の幸、地酒もあれば有名ラーメン店も……食の宝庫・東北から、ライター達が厳選した〝一度は食べたい〟とっておきの名店情報を大公開。東北でおいしいモノを食べたい時には、ぜひ参考にしてください！

福島県相馬市・斎春商店

渋井哲也のおススメ！

震災前、相馬を代表する景勝地だった松川浦一帯では、現在、季節毎に旬な食材を使った「復興チャレンジ丼」で訪問者を迎える。中でも斎春商店の海鮮丼がおススメだ。また、ランチの寿司も人気メニュー。店頭では新鮮な魚介類の販売もしており土産にできるのも嬉しい。

- 福島県相馬市尾浜字牛鼻毛119-1　●0244-38-8108
- 11:00 ～ 14:00（夜17:00 ～ 22:00は予約のみ）　●不定休
- ライターおススメ：復興チャレンジ丼（1800～2100円／季節によって異なる）

宮城県気仙沼市・んめぇよ魚！「まる喜」

渡部真のおススメ！

南三陸と気仙沼を結ぶ国道45号線沿いに、旨い店を見つけた。東北の「はっと汁」は、関東の「すいとん」の事。カニで出汁をとった当店の「カニはっとう汁」は本当に旨い！ 以前は漁師と魚の行商を兼業していた店主の仕入れによる海鮮丼（写真／予約のみ）も絶品だ。店主夫妻が被災した後、昨年秋に開店。仮設住宅から通いながら、同じく被災した女将の友人達も誘い、一緒に働いている。夜は息子さんが予約制の居酒屋を営業。〈渡部〉

- 宮城県気仙沼市本吉町山谷45-1 福幸サンライズ1階　●090-4884-2108
- 11:00 ～ 13:30　●月曜定休　●ライターおススメ：カニはっとう汁セット（980円）

ページ構成：寺家将太●学生

岩手県釜石市・二合半

釜石市に行くと必ず立ち寄るお店。「おかえり」と暖かく出迎えてくれる。震災前は市中心部の飲み屋街の一角にあった居酒屋だが、震災後は内陸部で開き、ランチも始めた。定食メニューも豊富だ。郷土料理「ひっつみ」も美味しい。お酒を飲みながらの会話も楽しい。〈渋井〉

- 岩手県釜石市中妻町2-19-8
  〈夏頃、元の場所に移転予定➡釜石市只越町1-1-24〉
- 0193-23-2040　● 日曜・祝日定休
- 11:30～13:30、18:00～23:00
- 人気メニュー：ランチ各種（500～1000円／3月現在）

岩手県宮古市・魚元

大きなL字型のカウンターの向こう側には生簀がある。津波による浸水で破壊されたが復活した。泳いでいる魚を捕まえて調理師が料理する光景を見ながら食べられるのがこの店だ。おすすめのランチは海鮮丼。三陸の食材が楽しめる。駅弁の「いちご弁当」（1500円）も有名だ。〈渋井〉

- 岩手県宮古市大通3-6-43
- 0193-63-1700
- 11:30～13:45、17:30～22:00　● 不定休
- ライターおススメ：海鮮丼（1500円）

山形県長井市・割烹「中央会館」

全国の地酒はもちろん、「甦る」をはじめとする136ページで紹介した鈴木酒造店のお酒に酔える店。店には鈴木さんの他、この地域の杜氏が集うことが多いため、運が良ければ美酒佳肴に囲まれ、杜氏と一献交えることができるかも。〈平井〉

- 山形県長井市栄町7-2　● 0238-84-1671
- http://chuohkaikan.com
- 17:00～23:00　● 第2、第3水曜定休
- ライターおススメ：
  日本酒「甦る」「磐城壽」（一合600円）

岩手県釜石市・カフェ・軽食「マミー」

釜石漁港・魚市場の近くで米屋を営んでいた夫婦が、被災後、釜石駅近くの復興商店街で始めた喫茶店。話し好きの店主と、優しい女将が迎えてくれる。ランチでは、米はもちろん、魚市場に出入りしていた店主が漁師から直接仕入れるから、安い上に旨い。〈渡部〉

- 岩手県釜石市鈴子町14
  釜石はまゆり飲食店街A棟104
- 080-5568-7983　● 木・日曜定休
- 11:00～14:00、17:00～21:00
- ライターおススメ：日替わりランチ（500～800円）

※実際の営業時間などは変更する可能性もありますので、事前にご確認ください。また、旬の食材を扱う店舗では、季節によってメニューの内容や値段が変更することもあります。消費税に関する値段の変更もあり得ます。予めご了承ください。

宮城県南三陸町・豊楽食堂

50年前に志津川で店を開業したが、震災で店が流された。その後、東京在住だった孫から店を継ぎたいと連絡があった。南三陸では、地域一帯で地元の食材にこだわる「キラキラ丼」が復活。各店舗で素材も味も違うが、同店も他の店舗に負けていない。焼きそばもおすすめだ。〈渋井〉

- 宮城県本吉郡南三陸町志津川字御前下59-1
- 0226-46-3512　● 11:00 ～ 19:00　● 水曜定休
- ライターおススメ：キラキラ丼（1500円／値段と内容は季節によって異なる／5月からウニ丼の予定）

宮城県南三陸町・たみこの海パック

三陸産の水産加工品パックを冷凍発送してくれるので、東北に足を運ばなくても、好きな時に手軽に三陸の味が楽しめるのがありがたい。品揃え豊富で選ぶのも楽しい。わかめ、めかぶ、とろろ昆布がおススメだが、特にたこわさびの粒の大きさはインパクト大なので、ぜひ一度試してみては。

- 宮城県本吉郡南三陸町戸倉長清水9-3
- 0226-46-9661　● http://www.tamipack.jp/
- 9:00 ～ 17:00　● 日曜・祝日・年末年始
- 人気商品：5000円パック（税別）〈写真〉

宮城県塩竈市・鮨 しらはた

沿岸部で魚を食べたければ塩釜に行くことがおすすめ。寿司屋の密度は日本一とも言われている。そんな中でも評判がいいのがココ。大トロは舌がとろけそう。七ヶ浜のウニ、毛ガニのみそ汁もたまらない。新鮮な食材も豊富でまた行きたくなる。（写真は上にぎり）〈渋井〉

- 宮城県塩竈市海岸通り2-10　● 022-364-2221
- http://www.sushi-shirahata.com
- 〈平日〉11:00 ～ 15:00、16:30 ～ 22:00　〈土日祝〉11:00 ～ 22:00　● 火曜定休
- 人気メニュー：特上にぎり（3150円／3月現在）

宮城県石巻市・いしのまきカフェ「」《かぎかっこ》

2012年、ＪＲ石巻駅前にオープンしたカフェ。民間企業やNPOが石巻の高校生支援として協力。土日などを利用して、高校生が店舗運営に参加している。高校生が開発した、さんまのキーマカレーと鯛だしのスープカレーの2種を楽しめる『「」親黒カレー』が人気だ。

- 宮城県石巻市穀町14－1　エスタ内
- 0225-23-9371　● http://doorwaytosmiles.jp
- 〈平日〉11:30 ～ 16:00　〈土日祝〉12:00 ～ 16:00　● 水・木曜定休
- 人気メニュー：「」親黒カレー（700円／高校生500円）

※実際の営業時間などは変更する可能性もありますので、事前にご確認ください。また、旬の食材を扱う店舗では、季節によってメニューの内容や値段が変更することもあります。消費税に関する値段の変更もあり得ます。予めご了承ください。

福島県南相馬市・双葉食堂

長岡義幸のおススメ!

南相馬市小高区には、地元はもとより、遠方からもお客を集める有名ラーメン店が複数あった。そのひとつ双葉食堂は、原発事故の影響で一時休業後、20キロ圏外の仮設商店街で復活。益々繁盛していた。あっさりめの中華そばは、以前と変わらぬ懐かしい味だった。〈長岡〉

- 福島県南相馬市鹿島区西町1-88 かしま福幸商店街　●木曜定休
- 11:00〜15:00（スープなくなり次第終了）
- 人気メニュー：中華そば（550円）

宮城県仙台市・奥州仙台 七福 牛たんの・一仙

渡部真のおススメ!

「仙台と言えば牛タン」と聞きながら、なかなか気に入る店に出会えなかったが、国分町近くにある「一仙」はイイ! 定食の牛タンは、肉厚でボリューミー。食事だけでも利用できるが、日本酒の品揃えも豊富で、一杯飲みながら牛タンを楽しむのも良い。〈渡部〉

- 宮城県仙台市青葉区一番町4-3-3 金富士ビル地下1階　●022-265-1935
- 11:00〜24:00（日曜・連休最終日は22時まで）
- 無休
- ライターおススメ：牛たん焼き定食（1500円／3月現在）

福島県いわき市・食処 くさの根

渡部真のおススメ!

福島県双葉郡からいわき市にかけて、車で沿岸を走っている時、何気なく見つけた穴場の店。海鮮丼は「並」なら480円、「上」でも950円。みそ汁や副菜は、セルフで盛り放題。もう1つの人気メニュー「ラーメン」（500円）もなかなかイケる。初来店では食券の買い方に迷うが、それもお楽しみに。〈渡部〉

- 福島県いわき市四倉町字東2-167-1
- 0246-32-6460
- 7:00 〜 22:00　●無休
- ライターおススメ：海鮮丼〈上〉（950円）

福島県福島市・たくの実

上垣喜寛のおススメ!

JR福島駅東口から徒歩約10分。78ページで紹介した二本松農園直営の居酒屋。同農園スタッフの手料理と地酒等のセット（3品＋2杯／2000円）がおトクで人気だ。カウンター越しに農業トークをしながら、旬の料理を聞いてみてはいかが。裏メニューの卵飯は、二本松農園直営ならではのこだわり！〈上垣〉

- 福島市置賜町4-6　●024-522-5234
- http://nihonmatufarm.blog65.fc2.com/blog-entry-512.html
- 18:00 〜 23:00　●日・月曜・祝日定休
- ライターおススメ：こだわり卵飯（裏メニュー）

【ライター達を代表して渡部から】今回は諸事情で掲載できなかったお店の皆さん、ゴメンナサイ！　次回は掲載できるように努力しますので、これからもずっと、旨いものを食べさせてください!!

喪われた者たちの声に耳を澄ませ

太田 伸幸

震災から1年後の今頃、僕たちは「あの時どうしていた?」などと語り合った。3年後の今、そんな話をすることもすっかり減り、僕らの記憶から、ガソリンスタンドに行列を作った事や、ペットボトルの水や卓上コンロのボンベが店頭から消えた事、延々と繰り返された公共広告機構のCMなどが、なにか遠い昔の事のように遠ざかってゆく。

天災の多発するこの国で、忘れる事が明日に向かうための「手段」である側面はあるにせよ、一向に収束しない原発事故、疲弊した一次産業、遅々として進まない被災地域の住宅移転や、現在も16万人を数える避難者の存在を思うと、今、この国を被っているのは、他人の痛みに対する「無関心」であり、その結果としての震災の「風化」ではないだろうか。

僕はまず、「風化」に抗して書き続けている記者たちに、敬意を表したいと思う。

商業的なニーズの減少にも関わらず、被災地で取材を続ける多くの記者たち。彼らを突き動かしているのは、ジャーナリストとしての興味や責任感だけではないだろう。

僕は、この本に収録された記事や写真の中に、その答えを見つけたような気がする。

震災と原発事故は、もともとこの国や地方が抱えていた問題を可視化した。

と、同時に、もたらされた多くの「死」が、生かされた者たちの「生」を可視化したように思う。

積み上げられた瓦礫の中には、人々の生活の営みがあった。

失われたその営みは、生かされ、歩みを始めた者たちを照射し、その「生」に輝きを与えている。そう、僕たちは、多くの「死者たち」に生かされているのだ。取材を続ける記者たちもまた……。

喪われた者たちの声に耳を澄ませ。

その中にこそ、希望の歌が聴こえるはずだ。

この本では『風化する光と影』に続き、渋井、村上、渡部の編著者3氏に加えて、多くの記者、ライターの皆さんに記事を提供していただくことができた。渋井氏、渡部氏の現場取材を通じたネットワークと尽力によるものであることを特記しておくと共に、記者の皆さん、制作に協力いただいたすべての皆さんにお礼を申し上げる。

また、震災関連の書籍に対する市場が厳しい中で、販売を引き受けてくださった三一書房にも改めて感謝したい。

どんなに長い冬の後にも、春は訪れるのだと信じながら。

２月に訪れた福島県伊達市の『つきだて花工房』を散策していて見つけた福寿草。可憐に、そして力強く春を告げていた

太田伸幸 おおた・のぶゆき
１９５７年、横浜市生まれ。二十代三十代の大半を出版労働争議の当該として過ごす。E-lock.planning 代表として「風化する光と影」「竜二漂泊１９８３」などを発行。出版ネッツ執行委員。

避けられない「風化」のなかで

渋井 哲也

4月は旅立ちの季節だ。進学や就職で被災地を離れる人も多いだろう。地震や津波、原発事故などで被災しながらも、希望を持って、新天地に向かう人たちもいる。

一方、消費税の税率が5％から8％になる。新幹線やバス代が値上げされ、高速道路ではETC割の割引率が変更となり、交通費が上がる。取材や支援活動、ボランティアのために自費で行っていた人は、これまで以上に通いにくくなる。

自らを振り返ると、「震災取材は3年」と言っていたが、まだ取材しきれていない実感がある。当初は、3年経てば復興はもっと進むと思っていたが、問題が山積している。その一方で、「津波を見ていない私が、最大の電力消費地に住む私が、本当に取材をしていいのか」と、常に罪悪感に似たものを抱きながら、自問自答をする日々が続いた。

私はジャーナリズム的な事実の掘り起こしは大切だとは思いながらも、「出来事」があった後の人の生活や内面的な変化により関心を寄せていた。事件だとすれば、加害者または被害者のその後の生活や心理状態を気にしていた。「震災以降」も、被災者の生活や心理状態の変化に関心を持ち続けている。

私が積極的に東日本大震災の取材をした動機は、阪神淡路大震災のとき、「途中で震災取材を辞めてしまった」との感覚があったからだ。あのとき小学5年生の女子児童を取材した。数年は年賀状を交換したが、今では何をしているのか分からない。毎年、「1月17日」になるたびに、取材を含めて交流していなかったことを後悔をしていた。そんなときに東日本大震災が起きたのだ。

私は栃木県那須町の出身だ。福島との県境の町である。1998年、那須水害があったものの、実家は被害を受けなかった。しかし、被害のあった場所では不法投棄された産業廃棄物が露呈していた。首都圏で排出されたものだ。今回の震災では実家も地震被害があった。また東京電力・福島第一原発から100kmほどの距離だが、家人曰く、「原発事故後、白い物が降ってきた」。

原発事故との関連は不明だが、近くにはホットスポットもある。町のホームページを見ると、定期的に空間線量を公開している。しかし、福島県ではないため、放射線の問題はそれほどクローズアップされない。

「被災3県」という言葉が使われているが、栃木県や茨城県、千葉県はほとんど取り上げられなくなった。東京都内で地震による死者がいたことを覚えている人も少なくなったのではないか。また「3月12日」に起きた「長野県北部地震」の被災地・栄村の話題もほとんど聞かれなくなった。

たしかに、主要メディアが取り上げるかどうかで、現実問題としての「仕事」が変わってくる。今後、被災地に関する取材・報道の量はこれまで以上に減るかもしれない。

しかし私が取材・執筆してきた、子ども・若者の自殺や自傷行為などのメンタルヘルスの問題や、インターネット・コミュニケーション、表現規制問題などは、もともと主要メディアで「売れる話」ではない。取材すべき「売れない話」が増えただけと思えばいいのかもしれない。

「風化させない」「忘れてはいけない」――。共感できる言葉だ。もちろん当事者が語ることでケアをされる場合もあれば、忘れることで癒しを得られることもある。しかし日々置かれた状況により、心理的に余裕がないこともある。他の社会問題に関心を寄せているのかもしれない。風化は絶対的なものだ。

そんななかで、被災者や読者とともに私ができることを考えたい。

渋井哲也　しぶい・てつや
1969年、栃木県生まれ。長野日報社記者を経てフリーライター。自殺やメンタルヘルスやネット・コミュニケーション等に関心がある。阪神淡路大震災以来の震災取材。著書に「自殺を防ぐためのいくつかの手がかり」（河出書房新社）など。

心捻じれるとも、心折れず

村上和巳

「誠に艪舵なき船の大海に乗り出せしが如く、茫洋として寄るべきかたなく……」

中学の歴史で習い、頭の片隅に残っていた杉田玄白らによる日本初の解剖書「解体新書」前文にはそう書いてある。知識も不十分なままオランダ語の解剖学書の翻訳に取り組んだ杉田らの戸惑いを表した一節だ。この3年間、私は何度もその言葉を思い起こした。

東日本大震災の取材を始めた私は、当初は職業病でもある「歴史に残る事態をこの目で見る」という単純な動機から飛びついた。しかも、被災地の1つ宮城県亘理町は故郷で実家も家族も無傷。取材者としてこんな好都合はないとすら考えた。

だが、その安直な考えは、震災後初めて異様なまでに人気のない仙台市内のアーケード街に降り立った瞬間に瓦解した。「私たちは負けない」と書かれた横断幕を見た瞬間、人目もはばからず声をあげて泣いた。地方の退屈さを嫌って四半世紀前に上京したはずの自分の性根はやはり東北人だったのだ。

その後は馴染みのある亘理町沿岸部を皮切りに津波、原発の被災地をひたすら歩き回った。今まで目にしたこともない光景とそれを形にする困難さに直面した時に思い出したのが、冒頭で触れた解体新書の前文だ。

3年を経た今も私の中の暗中模索は続いている。被災地に溢れる悲哀、怨嗟を耳にしすぎ、「こんな悲しいことばかりを書くために物書きになったわけではない」と自暴自棄になり、初めてこの仕事を辞めたいと思ったこともある。しかし、最近では復興が停滞しているからこそ、光明が見えるまで続けねばという思いが上回っている。

そんな気持ちに至れたのは、私の取材に協力してくれた多くの被災者の方々や周囲の存在をなくして語れない。皆さん、本当にありがとうございました。今後もこの取材を続けます。私も負けない。

村上和巳　むらかみ・かずみ
1969年、宮城県生まれ。医療専門紙記者を経てフリージャーナリストに。イラク戦争などの現地取材を中心に国際紛争、安全保障問題を専門としているほか、医療・科学技術分野の取材・執筆も取り組む。著書に「化学兵器の全貌」（三修社）、「大地震で壊れる町、壊れない町」（宝島社）、「戦友が死体となる瞬間〜戦場ジャーナリスト達が見た紛争地」（三修社／共著）など多数。

端くれの意地

渡部 真

震災に関する報告の場が確実に減っている。それは、そのまま社会のニーズが減少しているという事なのだろう。雑誌も、webのニュースサイトも、記事を書いても反応が薄い。昨年、NHK「あまちゃん」に関する取材機会をいただいたので、何とかそれに絡めて記事を書くと割りと反応はあったが、それ以外ではほとんど需要がなくなったように感じる。

前作『風化する光と影』を企画したのは、震災から半年過ぎた頃の秋だった。その企画書を持って発行してくれる出版社を探している際、某大手出版社の編集者から言われたのは「震災ルポはもう売れない」という言葉だった。震災から半年という目処で、9月11日前後にはメディアから震災関連の情報が溢れた。しかし、意外と反応が鈍かったらしい。どの出版社でも、企画内容以前に震災関連書籍の出版には思ったより慎重な姿勢だった。まして、本書のようなルポ集はほとんど求められておらず、ドラマ性や感動的な話、あるいは原発に特化するなど専門性を求められた。

本書を作るにあたっても、また同じだった。「皆が貴重な取材をしているのは理解しているけど厳しい」「何とか力になりたいが、今の状況では難しい」「○○さん（著名人）は参加しないの？」……そう言われた。編集者の〝端くれ〟として、その言葉は理解もできる。災害や事件は次々と起こり、それも伝えなければならない。そもそも書籍自体が売れない。

結果的に、僕が年末に入院してしまい、予定していた今年3月の発行は1か月以上遅れた。関係する皆さんには迷惑かけて本当に申し訳なかったが、却って良かったかなとも思う。情報が溢れる3月に出版しなかったからこその価値が、本書にあると考え直した。

「売れなくても、売ろうよ」

もう一度、本気でそう問いかけたい。

最後になったが、本書発行に協力してくれた皆さんと、3年間、取材に協力してくれたすべての皆さんに、心からお礼を言います。

ありがとうございました。

渡部真　わたべ・まこと
1967年、東京都生まれ。主なテーマは、教育問題、下町文化など。東日本大震災以降、東北各地で、教育現場などを中心に取材活動を続け、「3・11絆のメッセージ」（東京書店）、「風化する光と影」（マイウェイ出版）、「さよなら原発～路上からの革命」（週刊金曜日・増刊号）などの企画・編集・執筆を担当する。

◇本書執筆者一覧

- 渋井哲也　フリーライター
- 村上和巳　ジャーナリスト
- 渡部真　フリーランス編集者
- 太田伸幸　編集者
- 藍原寛子　ジャーナリスト
- 池上正樹　ジャーナリスト
- 上垣喜寛　ジャーナリスト
- 尾崎孝史　写真家
- 小原一真　フォトジャーナリスト
- 亀松太郎　ジャーナリスト
- 粥川準二　ライター
- 鮫島隆紘　『福祉新聞』編集部記者
- 島田健弘　フリーライター
- 玉置春香　学生
- 寺家将太　学生
- 中嶋真希　『毎日小学生新聞』記者
- 長岡義幸　インディペンデント記者
- 西岡千史　フリージャーナリスト
- 西村仁美　ルポライター
- 原田浩司　共同通信カメラマン
- 平井明日菜　フリーライター
- 本田祐典　『しんぶん赤旗』記者
- 安積咲　福島県郡山市在住
- 番場さち子　福島県南相馬市在住

◇対談参加

- 戸羽太　岩手県陸前高田市長
- 開沼博　社会学者

発行人から

この本は2012年3月に発行した「風化する光と影」の続編として企画された。震災後、長期に渡って取材を続けてきた記者たちが伝える被災地の「光と影」を、読者諸兄はどう受け止められただろうか。あらためて取材に協力してくださった被災地のみなさん、そして厳しい制作費の下で本づくりに協力していただいたみなさんに、感謝したい。

まだ3年なのか、もう3年なのか……被災者の抱える思いは様々だろうが、被災地に足を運ぶと、3年経ったのに……の思いを禁じ得ない。震災の「風化」に抗してこの本を世に送る。

東日本大震災レポート「風化する光と影 II」

震災以降

終わらない3.11——3年目の報告

2014年4月21日　第1版第1刷発行

編著者……渋井哲也・村上和巳・渡部真・太田伸幸

発行者……太田伸幸

発行所……株式会社E-lock.planning
〒166-0002　東京都杉並区高円寺北2-39-33-405
Tel: 03-5327-5993　Mail：ohta@myway-pub.jp

発売……株式会社三一書房
〒101-0051　東京都千代田区神田神保町3-1-6
Tel: 03-6268-9714
Mail: info@31shobo.com
URL: http://31shobo.com/

本文レイアウト・組版……渡部真
装幀……鈴木一誌・桜井雄一郎

印刷製本……シナノ印刷株式会社

ISBN 978-4-380-14900-9 C0036

編集・取材協力

（個人）
越智貴雄
辻翔太
青田和宏
菅野春平
菅野由香
駒林奈穂子
平原圭
村上幹夫
小松陽子
佐藤契
山家直子

（団体・機関）
共同通信社
「しんぶん赤旗」編集局
「福祉新聞」編集部
九戸郡洋野町役場
釜石市役所
南相馬市役所
亘理町農林水産課